QUE TIPO DE

LÍDER

É VOCÊ NA EMPRESA?

Um Check-up Divertido de Seu Perfil de Liderança

Estudos de Caso Bem-humorados
+
Exercícios de Autodiagnóstico
+
Dicas de Melhoria

André Tadeu Aguiar de Oliveira

QUE TIPO DE LÍDER É VOCÊ NA EMPRESA?

Um Check-up Divertido de Seu Perfil de Liderança

Estudos de Caso Bem-humorados
+
Exercícios de Autodiagnóstico
+
Dicas de Melhoria

QUALITYMARK

Copyright © 2012 by André Tadeu Aguiar de Oliveira

Todos os direitos em língua portuguesa reservados à Qualitymark Editora Ltda.
É proibida a duplicação ou reprodução deste volume, ou parte do mesmo, sob qualquer meio, sem autorização expressa da Editora.

Direção Editorial SAIDUL RAHMAN MAHOMED editor@qualitymark.com.br	Produção Editorial EQUIPE QUALITYMARK
Capa Suellen Balthazar	Editoração Eletrônica APED - Apoio e Produção Ltda.

CIP-Brasil. Catalogação-na-fonte
Sindicato Nacional dos Editores de Livros, RJ

O45q

    Oliveira, Andre Tadeu Aguiar de
    Que tipo de líder é você na empresa? : um check up divertido de seu perfil de liderança / Andre Tadeu Aguiar de Oliveira. - Rio de Janeiro : Qualitymark Editora, 2012.
    200 p. : 23 cm

    "Estudos de caso bem humorados + exercícios de auto diagnóstico + dicas de melhoria"

    Apêndice
    Inclui bibliografia

    ISBN 978-85-414-0032-9

    1. Liderança. 2. Administração de pessoal. I. Título.

12-4850.   CDD: 658.4092
                                                                              CDU: 658:316.46

10.07.12   13.07.12   036968

2012

IMPRESSO NO BRASIL

Qualitymark Editora Ltda.
Rua Teixeira Júnior, 441
São Cristóvão - Fax: (21) 3295-9824
20921-405 – Rio de Janeiro – RJ

www.qualitymark.com.br
E-mail: quality@qualitymark.com.br
Tel: (21) 3295-9800 ou (21) 3094-8400
QualityPhone: 0800-0263311

AGRADECIMENTOS

A minha família – por seu apoio incondicional e exemplos de liderança.

A minha equipe da Central Paulista – pelo apoio, inspiração e capacidade de me influenciar e de ser influenciada.

A minhas amigas e colegas Maria Odete Rabaglio e Elaine Toledo, pelo incentivo constante para escrever este livro.

À Ione Prado, pela dedicação na revisão dos originais.

Aos meus clientes, treinandos e expectadores – que nos últimos 20 anos me ensinaram muito sobre liderança.

Sumário

Introdução – Por que e Como Ler este Livro ... IX

Parte I – Liderança que Desenvolve Pessoas nas Organizações ... 1
Capítulo 1 – Líder do Passado, do Presente ou do Futuro? ... 5
Capítulo 2 – A Comédia da Liderança: Líder Eficaz ou Atrapalha quem Faz? ... 13
Capítulo 3 – Líder COACH ou Líder Chicote? ... 23
Capítulo 3B – Líder Chicote a Líder Coach: O Confronto Final ... 33

Parte II – Automotivação para Líderes & Motivação de Equipes ... 39
Capítulo 4 – Líder Autocontrolado ou Autocentrado? ... 43
Capítulo 5 – Líder de Relacionamentos Produtivos ou Improdutivos? ... 51
Capítulo 6 – Líder que estimula ou frustra a motivação da equipe? ... 59
Capítulo 7 – Líder que Estimula o Outro ou a Si Mesmo? ... 67
Capítulo 8 – Líder que Forma ou Afunda Uma Equipe? ... 77

Parte III – Líderes que Desenvolvem Equipes e Organizações ... 83
Capítulo 9 – Líder Empreendedor ou Castrador? ... 87
Capítulo 10 – Líder Servidor do Liderado ou que se Serve Dele? ... 95
Capítulo 11 – Líder Disciplinado ou Indisciplinado na Execução? ... 103
Capítulo 12 – Líder Inovador ou Embromador? ... 111

Parte IV – Comunicação Eficaz para Líderes ... 117
Capítulo 13 - Líder que Explica ou Complica? ... 121
Capítulo 14 - Líder que Fornece Ferraback ou Feedback? ... 129
Capítulo 15 - Líder que Joga para Ganhar com a Equipe ou Contra Ela? ... 139

Parte V – Desenvolvendo Relacionamentos e Manejando Conflitos   **145**
Capítulo 16 - Líder Facilitador ou Dificultador das Relações?   149
Capítulo 17 - Líder de Pessoas Difíceis ou Difícil para as Pessoas?   159
Capítulo 18 - Líder que se Adapta as Novas Gerações ou as Afugenta?   167
Capítulo 19 - Líder de seu Chefe ou Chefiado por Ele?   177
Capítulo 20 - Líder que Maneja Conflitos ou é Manejado por Eles?   183

Introdução –
Por que e Como Ler este Livro

Este livro foi fruto de trabalho e estudos sobre liderança desde a minha graduação em Ciências Sociais pela USP em 1990.

De lá pra cá sempre estive envolvido em atividades ligadas a desenvolvimento de líderes, seja como analista de treinamento, instrutor, autor, dramaturgo, ator, palestrante e empresário.

A partir desta experiência, pude comprovar que a capacidade de liderança pode ser aprimorada por toda a vida.

Cada vez que aprofundamos nosso autoconhecimento podemos melhorar nosso desempenho.

Este livro é uma pequena e bem-humorada contribuição para que você descubra qual é o seu perfil de liderança e como desenvolvê-lo.

As ferramentas escolhidas para este diagnóstico foram histórias bem-humoradas estruturadas em estudos de caso, quadros-resumo de conceitos, exercícios de autodiagnóstico (com respostas ao final de cada capítulo) e dicas de melhoria.

A ideia é proporcionar uma leitura rápida e interativa que o faça identificar pontos fortes e fracos como líder.

A leitura pode ser feita fora da ordem de capítulos. E dentro de cada um deles, você pode optar pelas partes que mais lhe interessem.

Volte ao livro sempre que quiser, pois toda vez que os desafios e as equipes mudam, o líder precisa se adequar.

Boa leitura!
André Tadeu
Março de 2012.

Parte I

– Liderança que Desenvolve Pessoas nas Organizações

1 Líder
Líder do Passado, do Presente ou do Futuro?

Capítulo 1 – Líder do Passado, do Presente ou do Futuro?

Final da década 1970 no Brasil. Wilson Nunes entrou nervoso na sala de seu chefe Daniel. Era sua primeira avaliação no posto de gerente de área.

Daniel parecia contrariado.

– Wilson, eu não gostei do que vi esta semana.

– O que foi chefe?

– Vi você conversando com os seus funcionários durante o almoço. Estava até cantando com eles.

– Ah, o pessoal é bacana...

– Isso não é atitude de um chefe, Wilson. Você é muito jovem e precisa aprender a impor respeito ao seu grupo.

– Certo chefe. Eu vou evitar essas brincadeiras.

– Garoto, você precisa ser visto pelos subordinados como alguém superior. Se for temido, melhor ainda.

– Obrigado pelo toque, chefe.

– Obrigado nada! Eu quero ver outra postura a partir de hoje, garoto! Seja mais exigente, cobrador e sério. E não elogie!

– Mas tem gente tão boa na minha equipe.

– Mas se elogiar eles se acomodam. Eles precisam pensar que você sempre vai achar algo de errado.

– O senhor sugere que eu deixe o pessoal com medo de errar?

– Claro. O medo constrói, meu caro Wilson. Brasileiro é acomodado. Só usando a chibata para esse povo produzir.

– Puxa... Obrigado, chefe.

– Obrigado nada! Você tem muito a aprender sobre chefiar pessoas na escola da vida!

– Obrigado por mais essa dica, seu Daniel.

– Obrigado nada! Eu soube que você é fã do Roberto Carlos. É verdade?

— Sim chefe. Ei, ei, ei, Roberto é nosso rei!

— Então, lembre-se de uma música dele na hora de apontar os erros dos seus funcionários: *Daqui pra frente, tudo vai ser diferente! Você vai aprender a ser gente, o seu futuro não vale nada, nada! Você não sabe e nunca procurou saber...*

— Nossa chefe! Muito... Quer dizer. Posso ir?

Daniel abriu um sorriso satisfeito e disse:

— Ótimo garoto. Agora vai pegar um cafezinho pra gente, vai...

Quinze anos se passaram e Wilson, então gerente de departamento, foi chamado para uma conversa com o novo diretor, Wanderley, que não parecia satisfeito.

— Wilson, eu não gostei do que vi esta semana – disse ele.

— O que foi chefe?

— Você fez um escândalo para corrigir um erro da equipe.

— Mas o senhor mesmo disse que precisamos eliminar os erros.

— Isso é a atitude de um chefe, não de um líder. Precisamos ser inimigos dos erros e não de quem cometeu o erro.

— Mas o que você quer eu faça?

— Você precisa ser visto pelos liderados como um facilitador da qualidade, capaz de ouvi-los. O gerente não é o dono da verdade.

— Mas e a hierarquia, Wanderley? Isso vai virar bagunça.

— Não. Você precisa trabalhar o comprometimento e o trabalho em equipe. As pessoas precisam sentir-se donas do negócio.

— Não é assim que a gente trabalha por aqui. Não vai dar certo, Wanderley.

— Vai dar certo sim, desde que você se comprometa com as mudanças. Seu papel é fazer as pessoas se sentirem importantes. Elogie mais.

— Elogiar? Mas Wanderley, isso deixa as pessoas mais acomodadas.

— Pelo contrário. Precisamos substituir o medo por motivação e compromisso. Você já fez algum treinamento de liderança, Wilson?

— Já. Na escola da vida.

— Você vai ver que o treinamento em sala de aula vai te ajudar a mudar os paradigmas.

— Parar o sigma?!

— Pa-ra-dig-mas! Você precisa mudar o seu padrão de comportamento como líder, achar novos modelos de liderança.

— O problema é que eu estou sobrecarregado. Vai ser difícil achar mais tempo para treinamento.

— Vai valer a pena! Você precisa se preparar para as mudanças. Elas só estão começando.

– Sei. – respondeu Wilson sem disfarçar sua descrença.
– Wilson, você gosta do Lulu Santos?
– Lulu Santos? Não. Eu gosto é do Roberto Carlos.
– Mas tem uma música do Lulu que mostra exatamente o momento da empresa: *Nada do que foi será, igual ao que a gente viu a um segundo. Tudo passa, tudo sempre passará.*
– Eu não entendi. O que vai passar?
– Tudo, Wilson. Absolutamente tudo. E se não nos adaptarmos, nós também passaremos. É isso que você deseja?
– Wanderley, se vocês querem que eu mude, eu mudo. Mais alguma coisa?

Naquela noite, Wilson comentou com sua esposa Amélia:
– Até a minha aposentadoria, eu faço de conta que concordo com eles. E enquanto isso, eu vou fazendo as coisas do meu jeito.

Mais quinze anos se passaram, e Wilson, no mesmo cargo gerencial, foi chamado para uma conversa com Michael, o novo diretor.

Wilson se surpreendeu logo ao entrar na sala. Ou o diretor era muito jovem ou tinha um estagiário na sua mesa.

Michael o recebeu com sorriso e um aperto de mãos.
– Wilson, eu gostei do que vi esta semana. – disse ele.
– Você gostou de quê?
– Você demonstrou ser uma pessoa que conhece a empresa como ninguém.
– Claro Michael. Eu fui o único gerente que sobrou da "limpa" dos últimos anos.
– Eu tenho um projeto muito importante no qual você será uma peça chave.
– Eu já esperava. Vocês vão promover um plano de demissão voluntária? Aposentadoria compulsória?
– Muito pelo contrário. Nossa equipe é muito jovem e inexperiente. Precisamos de pessoas como você para ensiná-la.
– Eu? Ensinar estes garotos que dominam tudo de informática e Internet? Impossível. Nós não conseguimos falar a mesma língua.
– Vão conseguir sim. Nós temos um projeto de gestão do conhecimento...
– Desculpe Michael, mas eu estou fora. Eu não aguento mais tanta mudança.
– Mas eu estou aqui para te apoiar.
– Escute Michael: eu quero apenas fazer meu trabalho sem ter que me adaptar a novos papéis e realidades. Será possível isso?

Exercício 1:

Se você fosse o diretor Michael e quisesse citar um refrão de música do Roberto Carlos para orientá-lo, qual seria?

- a. Não adianta nem tentar, me esquecer. Por muito tempo em sua vida eu vou viver...
- b. Se você quer brigar e acha que com isso estou sofrendo, se enganou meu bem, pode vir quente que eu estou fervendo...
- c. Quem espera que a vida, seja feita de ilusão, pode até ficar maluco, ou viver na solidão. É preciso ter cuidado, pra mais tarde não sofrer: é preciso saber viver.
- d. Jesus Cristo eu estou aqui!

Para liderar pessoas para o aprendizado contínuo, você precisa dar o exemplo de flexibilidade e busca pelo conhecimento.

Responda às questões abaixo, escolhendo a alternativa que descreva você na fase atual da sua carreira:

Exercício 2:

1. Qual a sua atitude diante das mudanças na organização?
- a. Negativa: *As mudanças servem para atrapalhar o meu trabalho.*
- b. Reativa: *Já que não tem jeito, é melhor a gente se adaptar.*
- c. Proativa: *Busco antecipar e preparar a equipe para as mudanças.*
- d. Agente de mudanças: *Eu estimulo a equipe a propor e testar novas ideias e formas de trabalho.*

2. Assinale uma ou mais práticas abaixo que você adota para a atualização profissional:
- a. Leitura periódica de publicações da minha área.
- b. Presença em congressos e feiras importantes.
- c. Participação em treinamentos internos ou externos.
- d. Pesquisas periódicas na Internet.

3. Quanto tempo leva-se para ficar desatualizado na sua área ou cargo?
- a. Mais de dois anos.

b. De um a dois anos.
c. De seis meses a um ano.
d. Menos de seis meses.

Agora conte os seus pontos:

Questão	Alternativa			
	a	b	c	d
1	1	2	3	4
2	1	1	1	1
3	1	2	3	4
			Total	

De 1 a 5 pontos: Você é forte candidato(a) a ser mais uma atração do parque dos dinossauros corporativos. Desenvolva flexibilidade e busque mais conhecimento se quiser sobreviver no mercado.

De 6 a 8 pontos: Você é uma pessoa razoavelmente adaptável às mudanças, mas pode melhorar ainda mais.

De 9 a 12 pontos: Você é uma pessoa amiga e agente da mudança.

Dicas para Lidar de Maneira Inteligente com a Mudança:
1. Entenda a mudança e assimile os novos conceitos antes de julgá-los.
2. Busque entender o porquê da mudança e seus efeitos em organizações que já a aplicaram.
3. Baseado em experiências reais, avalie o que pode ganhar e perder com as mudanças.
4. A cada ponto positivo e negativo enumerado, pense em ações para aumentar ganhos e diminuir riscos com a mudança.
5. Pense sobre como um profissional que você admira reagiria diante de situação semelhante. Se necessário, peça o seu conselho.
6. Perceba como você se sentiria agindo da mesma forma que o seu profissional exemplar.
7. Compartilhe seus temores e dúvidas com um líder confiável na empresa. Escolha um momento de pouco confronto ou estresse para fazê-lo.
8. Busque treinamento, palestra, livro ou consultoria para obter uma visão de fora da organização.
9. Se, depois disso, a mudança parecer negativa e você incapaz de adaptar-se, avalie a possibilidade de mudar de empresa, departamento ou cargo.

10. Evite ser aquele que trabalha contra a mudança em silêncio. Você só estará atrasando um processo inevitável, a custo de seu sofrimento e de quem estiver ao seu lado. Honestidade e integridade são características indispensáveis de um profissional em cargo de chefia, especialmente em processos críticos de mudança.

⇨ **Exercício 1: Resposta recomendada: c** – Um dos maiores desafios dos líderes da atualidade é estimular profissionais experientes a manterem-se abertos para o aprendizado. E mais difícil do que fazê-los aprender o que não sabem, é ajudá-los a desaprender o que "acham" que sabem.

Bibliografia:

ANGELONI, Maria Terezinha. *Comunicação nas Organizações da Era do Conhecimento*, Ed. Atlas.
XAVIER, Ricardo de Almeida Prado. *Capital Intelectual*, Ed STS.

Canções Citadas:
– *Emoções* – Roberto Carlos.
– *Se você pensa* – Roberto Carlos.
– *Pode vir quente que eu estou fervendo* – Erasmo Carlos.
– *Como uma onda* – Lulu Santos e Nelson Motta.
– *É preciso saber viver* – Roberto e Erasmo Carlos.
– *Jesus Cristo* – Roberto Carlos.
– *Detalhes* – Roberto e Erasmo Carlos.

2 A Comédia da Liderança:
Líder Eficaz ou Atrapalha quem Faz?

Capítulo 2 – A Comédia da Liderança: Líder Eficaz ou Atrapalha quem Faz?

Qual é o estilo de liderança mais adequado para a sua equipe?

Eram oito horas da manhã quando Ronaldo Castro posicionou-se à frente de sua equipe de executivos na sala de reuniões. Todos visivelmente apreensivos.

– Como vocês explicam os péssimos resultados do último período? – questionou ele.

Depois de um instante de hesitação, o primeiro executivo levantou a mão.

– Chefe, o senhor sabe que as pessoas resistem a produzir mais.

– É simples – respondeu Ronaldo – você tem de mandá-las fazer.

– Mas chefe – arriscou-se o segundo – nós temos pessoas esforçadas na equipe. O problema é fazê-las colaborar umas com as outras.

– Então cabe a você, como gerente, pressioná-las, adverti-las, demiti-las ou supervisioná-las. – enfatizou Ronaldo.

– Mas eu já fiz tudo isso, Ronaldo – insistiu o rapaz – E ainda não consegui melhorar o resultado.

– Então vamos revisar processos, normas e procedimentos.

Um terceiro executivo manifestou-se:

– Mas Ronaldo, nós fizemos isso no ano passado.

Ronaldo começou a se exaltar.

– Meu filho, o que está faltando é supervisão!

Outro executivo, meio sem graça, falou:

– Chefe, minha equipe questionou sobre as fórmulas que estamos aplicando. Eles acham que não vão dar certo por aqui e...

– Diga ao seu pessoal – interrompeu Ronaldo socando a mão na mesa – que eles foram contratados para executar e não para pensar!

Nenhum dos executivos ousou sequer levantar a cabeça.

Um ano depois, os resultados eram os mesmos, assim como a equipe. Mas o chefe mudou.

Tão logo Robson Mesquita, o diretor recém-contratado, percebeu a tensão dos executivos, aplicou uma dinâmica para quebra o gelo. Só depois que todos estavam mais relaxados, ele apresentou a si e seu currículo.

Robson fez questão de destacar que seu método de trabalho seria oposto ao do antecessor.

– Eu gosto de ouvir vocês – disse ele – Vamos conversar bastante até que todos tenham segurança sobre o que fazer e como fazer!

Robson percebeu a hesitação nos executivos e provocou:

– Quem começa?

O primeiro executivo começou:

– No ano passado, fizemos muitos treinamentos técnicos. Mas os resultados foram modestos na produtividade.

– É simples. – respondeu Robson – As pessoas precisam acreditar que são importantes e ter orgulho do que fazem.

– Mas Robson – insistiu o executivo – nós temos pessoas esforçadas na equipe. O problema é fazê-las colaborar umas com as outras.

Ronaldo respondeu incisivo:

– Então converse com elas até convencê-las a colaborar. Você pode!

O rapaz insistiu:

– Mas eu já fiz tudo isso, chefe.

Ronaldo continuou:

– Se ouvir mais e falar menos, você vai descobrir qual é o problema.

Os executivos ainda não pareciam convencidos.

Robson concluiu:

– Meus amigos, o papel do líder é encorajar as pessoas a fazer as coisas certas, da maneira certa.

Outro executivo questionou:

– Robson, as pessoas estão muito críticas em relação a tudo o que a gente propõe.

– Por isso – respondeu Robson – é preciso conversar mais, esclarecer melhor as ideias e o papel de cada um.

Robson estendeu a reunião para ouvir as dúvidas de cada um. Ele só parou quando percebeu que todos demonstravam segurança nas suas diretrizes.

Um ano depois, os mesmos executivos estavam reunidos para um novo acompanhamento, diante de um novo chefe: Rodney Passos.

Ele, assim que chegou à sala de reuniões, pediu a todos que tirassem a gravata e o paletó.

– Vamos relaxar pessoal. Estou aqui para facilitar o sucesso da equipe! – afirmou ele.

Em seguida, Rodney pediu que todos se apresentassem. E ele só começou a discussão dos resultados quando percebeu todos relaxados e integrados.

Em seguida, já ao lado do *flip chart*, ele perguntou:
– Qual a principal causa dos resultados modestos do ano anterior?
– Falta de comprometimento. – disse o primeiro.
– Falta de cooperação. – respondeu outro.
– Falta de motivação. – completou o terceiro.

Logo depois de ouvir todos, Rodney perguntou:
– O que pode ser feito para melhorar o desempenho?
– É necessário delegar mais responsabilidades. – disse um.
– Precisamos promover integração entre departamentos. – falou o segundo.
– A solução é trocar gente em pontos estratégicos. – complementou o terceiro.

E finalmente o quarto executivo, visivelmente irritado, desabafou:
– O chato, Rodney, é que cada novo diretor quer implantar o seu estilo de liderança. A gente até tenta se adaptar, mas sempre acabamos frustrados.

Rodney ouviu atentamente. Ele percebeu que aquele era o pensamento de todos e sentiu aquilo como um voto de descrédito.

Rodney refletiu um pouco.
– De fato, – concordou ele – cada líder tem um estilo, que pode dar certo para alguns e não para outros. O que vocês sugerem para resolver este problema?

Exercício 1:

No lugar do executivo, qual seria a sua resposta para o diretor Rodney?

a. Chega de focar nas pessoas. O problema está no processo.
b. É melhor a gente delegar as funções e ver quem dá conta do recado!
c. A gente tem de fortalecer os times pra quebrar resistência!
d. Vamos identificar as pessoas problemáticas para demitir, remanejar ou treinar.

e. Precisamos de treinamento de liderança para influenciar melhor nossas equipes.

O conceito de liderança situacional ajuda a entender a essência de uma liderança eficaz:

Liderança é a capacidade de influenciar pessoas para alcançar resultados dentro de uma determinada situação.

Dentro do trabalho do líder existem dois focos:

Foco na Tarefa	Esforços no treinamento, acompanhamento e supervisão da tarefa a ser desempenhada pelo subordinado.
Foco no Relacionamento	Esforços no encorajamento, diálogo, integração e motivação do subordinado para que ele cumpra a tarefa.

Os estilos de liderança consistem em aplicar, em diferentes intensidades e proporções, estes dois focos.

Para a adequação de seu estilo de liderança é necessário aprender a analisar fatores críticos do desempenho do subordinado e da situação em que ele precisa produzir resultados:

Fatores Críticos para Adequar o Estilo de Liderança	
Maturidade Psicológica	Nível de compromisso (responsabilidade) Estabilidade Emocional (equilíbrio) Automotivação (motivar a si mesmo) Resiliência (superar problemas e resistir à pressão)
Maturidade Profissional	Conhecimento voltado ao cargo Habilidade Técnica Formação Acadêmica Treinamento Específico
Produtividade	Nível de atingimento de metas quantitativas e qualitativas
Situação	Nível de familiaridade e adaptação às condições atuais de trabalho

Exercício 2:

Você está pronto para ser um líder flexível e eficaz?
Avalie com que frequência você apresenta as características abaixo:

Características de Uma Liderança Eficaz	Nunca	Às Vezes	Sempre
Avalio a preparação técnica e emocional do colaborador.			
Meço a produtividade e a qualidade do trabalho do colaborador.			
Percebo as variações de desempenho do colaborador ao longo do tempo.			
Avalio o grau de adaptação do colaborador à sua situação de trabalho.			
Sei treinar e supervisionar o colaborador nas suas atribuições e rotinas.			
Sei esclarecer as dúvidas do colaborador de maneira convincente e estimuladora.			
Sei facilitar a comunicação e a interação do colaborador dentro e fora da equipe			
Sei delegar tarefas para colaboradores prontos para elas.			
Sei variar o estilo de liderança conforme a pessoa, a situação e o objetivo.			
Sei gerar resultados trabalhando com pessoas diferentes umas das outras.			

Análise de Resultados:

De 0 a 4 respostas sempre – Você precisa urgentemente de treinamento e supervisão para adequação do estilo de liderança para a sua equipe.

De 5 a 7 respostas sempre – Você pode melhorar a eficácia da sua liderança avaliando melhor o colaborador e adequando seu estilo.

De 8 a 10 respostas sempre – Parabéns! Você deve ser um líder bastante eficaz e ter uma equipe de alto desempenho.

Exercício 3: Análise de Perfil dos Colaboradores:

Escolha três pessoas subordinadas a você ou parceiros de trabalho com os quais tenha bastante contato.

Represente-os com um número.

Assinale a alternativa que melhor descreva cada uma delas no nível de maturidade psicológica, profissional, produtividade e situação.

Você deverá totalizar quatro respostas por colaborador.

Mantenha o foco em avaliar o seu colaborador dentro de cada critério.

Maturidade Psicológica:		1	2	3
Baixa	Pessoa insegura, sem comprometimento e motivação.	E 1	E 1	E 1
Média para baixa	Pessoa apresenta algum compromisso e estabilidade.	E 2	E 2	E 2
Média para alta	Pessoa apresenta compromisso e motivação quase satisfatória.	E 3	E 3	E 3
Alta	Pessoa altamente comprometida, estável e motivada.	E 4	E4	E 4
Maturidade Profissional		1	2	3
Baixa	Pessoa sem treinamento, formação e experiência para o cargo.	E 1	E 1	E 1
Média para baixa	Pessoa tem alguma qualificação e experiência, mas ainda insuficiente.	E 2	E 2	E 2
Média para alta	Pessoa tem qualificação quase suficiente para o cargo.	E 3	E 3	E 3
Alta	Pessoa é altamente qualificada para o cargo.	E 4	E4	E 4
Produtividade		1	2	3
Baixa	Quase nenhum resultado.	E 1	E 1	E 1
Média para baixa	Alguns resultados, mas ainda insuficientes.	E 2	E 2	E 2
Média para alta	Os resultados são quase suficientes para o cargo.	E 3	E 3	E 3
Alta	Pessoa tem resultados ótimos.	E 4	E4	E 4
Situação		1	2	3
Nova	Pessoa com pouco tempo no cargo ou acabou de passar por mudanças;	E 1	E 1	E 1
Média para nova	Pessoa teve algum tempo para a adequação ao cargo.	E 2	E 2	E 2
Média para antiga	Pessoa teve tempo suficiente para se adequar ao cargo.	E 3	E 3	E 3
Antiga	Pessoa bastante acostumada com a situação e domina rotina do cargo.	E 4	E4	E 4

Gabarito:
Some as respostas dadas a cada colaborador dentro de cada estilo de liderança:

Colaborador	E1 Determinar	E2 Persuadir	E3 Compartilhar	E4 Delegar
1.				
2.				
3.				

Análise dos Resultados:
1. O estilo de liderança que teve mais respostas por colaborador corresponde ao que deve ser mais utilizado com ele.
2. Se um colaborador teve a concentração de itens em um ou dois estilos, o seu nível de desenvolvimento é relativamente uniforme.
3. Se o colaborador teve avaliações espalhadas por três ou quatro estilos, ele apresenta um desnível no desempenho que requer atenção.

Quadro Descritivo dos Estilos de Liderança

Estilo de Liderança	Foco na Tarefa	Foco no Relacionamento	Descrição
E1 – Determinar	Alto	Baixo	– Definir ao subordinado o que, como e quando fazer. – Supervisão, acompanhamento e controle constantes. – Treinamento voltado para a tarefa.
E2 – Persuadir	Alto/ Médio	Médio/ Alto	– Investimento tanto em treinar quanto ouvir e esclarecer dúvidas, persuadindo para o desenvolvimento. – Incentivar as pessoas a fazer do jeito que você deseja.
E3 – Compartilhar	Médio/ Baixo	Alto/ Médio	– Investimento em ouvir, esclarecer e encorajar o colaborador. – Fortalecer as pessoas e a equipe.

E4 – Delegar	Baixo	Baixo	– Determinar a meta a ser atingida. – Deixar o subordinado definir como fazer. – Premiar meta.

Dúvidas Frequentes sobre Aplicação de Estilos de Liderança

Dúvida:	Esclarecimento:
Se eu tenho pessoas que requerem estilos de liderança diferentes, como vou trata-las em equipe?	• Em equipe, normalmente trabalhamos os estilos E2 e E3 (persuadir e compartilhar). • Dentro da equipe, peça ajuda dos mais experientes para treinar os inexperientes.
Se eu tenho uma equipe com baixo desempenho e desmotivada, mesmo com muita experiência e qualificação, devo voltar a supervisionar (E1) ou a persuadir (E2)?	• Quando existe um problema motivacional, também o foco é trabalhar relacionamento (E2) persuadir ou (E3) compartilhar. • A partir da identificação do problema, você poderá saber qual dos quatro estilos adotar.
A equipe foi reestruturada e quebrou seu elo de confiança. Devo voltar a fazer todos os passos iniciais da liderança (E1 e E2) até voltar ao estágio anterior (E3 e E4)?	• Depende da maturidade profissional e psicológica dos novos membros. • Você pode aplicar o estilo adequado para cada subordinado e investir entre (E2 e E3) para amadurecer o grupo.
Eu consegui formar uma equipe do E1 (supervisionar), passei pelo E 2 (persuadir) e E3 (compartilhar). Mas antes que conseguisse chegar ao E4 (delegar), o desempenho diminuiu sem motivo aparente. O que devo fazer?	• Se não houve nenhuma mudança significativa na situação de trabalho, é provável que tenha havido a falta de delegação para desafiar as pessoas na hora certa. • Experimente aplicar E4 (delegar) e avalie os resultados.

⇨ **Exercício 1: Resposta recomendada: e.**

É evidente que grande parte do problema está nas pessoas. Os líderes estão reativos e os diretores querem aplicar um único estilo de liderança a todos. É preciso capacitá-los para utilizar o estilo de liderança adequado a cada colaborador, objetivo e situação.

Bibliografia:
HERSEY, Paul; BLANCHARD, Ken. *Psicologia para Administradores: Teoria e as Técnicas da Liderança Situacional. Trad. de Dante Moreira Leite.* Editora Pedagógica e Universitária, e Editora da Universidade de São Paulo 1974.

3 Líder
COACH ou Líder Chicote?

Capítulo 3 – Líder *COACH* ou Líder Chicote?

Como desenvolver pessoas usando a liderança *coach*.

Jaime Tibério recebeu Cristiano Spock em sua sala com um aperto de mão caloroso. Cristiano mal retribuiu a gentileza de seu chefe, de tão agitado que estava para a reunião.

– Você quer uma água ou um café, Cristiano?
– Água, por favor. Se eu tomar mais café explodo.
– O que aconteceu, Spock?
– Tudo, Tibério. Em vez de diminuirmos a taxa de reclamações e tempo de instalação, piorou foi tudo. Você vai me dar bronca e com razão.
– Você está enganado, Spock. Eu quero conversar com você sobre como melhorar o seu desempenho como líder.
– O meu desempenho? – questionou Spock surpreso – Mas o problema está com a minha equipe e não comigo.

Tibério sorriu.

– Caro Spock, o desempenho da equipe é sempre um reflexo do líder.
– Mas eu já tentei de tudo! Você sabe disso, Tibério.
– Spock, quais os seus pontos fortes como líder?
– Eu sou detalhista, organizado, planejo minuciosamente e controlo militarmente os resultados.
– Spock, você está me descrevendo seus pontos fortes como gestor, e não como líder.
– Ora, mas não é tudo a mesma coisa, Tibério?
– Spock, se você não consegue diferenciar os papéis de gestor e líder, que tal fazer um treinamento de liderança?
– Estou fora Tibério! Esses treinamentos são chatos, não correspondem à realidade e estão cheios de brincadeirinhas bobas.
– Então Spock, pesquise você mesmo um curso de liderança para que consiga ter um bom aproveitamento.

– Eu vou ver, Tibério.
– Você consegue fazer esse curso até o mês que vem?
– Não vai dar, Tibério. Estaremos até aqui de trabalho.
– Eu sei, Spock. Mas sem ajuda para saber lidar com a equipe, você vai conseguir melhorar seu desempenho?
– Você tem razão, chefe.

Dois meses depois, Tibério e Spock encontraram-se novamente. Ao entrar na sala do chefe, Spock parecia mais tranquilo.

– Como foi o treinamento de liderança? – perguntou Tibério.
– Interessante. Menos pelo instrutor e mais pela troca de experiências.
– Muito bom. E você conseguiu descobrir algo novo sobre seu perfil de líder?
– Sim. Na terminologia do curso, eu sou um líder que foca na tarefa e não em relacionamentos.
– Grande descoberta, Spock. Portanto, seu ponto forte é estruturar as tarefas e o fraco é o relacionamento com os subordinados?
– É. Parece que é isso.
– Ótimo. E você conseguiu refletir sobre a sua missão aqui na empresa, Spock?
– Isso é óbvio: melhorar a satisfação dos clientes com os serviços de pós-venda.
– E dentro desta missão, onde você pretende chegar?
– Ser o melhor pós-venda da rede.
– Ótimo. E quais os valores que devem orientar essa melhora da qualidade do serviço?
– Tolerância zero em relação a erros, treinamento constante da equipe e compromisso de todos.
– E como você pretende fazer isso?
– Não tenho a mínima ideia – respondeu Spock após um longo suspiro.
– Que tal conversar com alguém que tenha construído uma equipe de alta performance aqui na empresa?
– Quem?
– Maria do Socorro, nossa supervisora de atendimento.
– Ah, mas o trabalho dela é muito diferente do meu – respondeu Spock.
– Trabalho em equipe envolve mais características humanas que técnicas. Você acha que pode aprender algo com ela?

Spock concordou com um gesto, sem grande entusiasmo.

– Ok. Vou falar com ela, chefe.
– Melhor – insistiu Tibério – Que tal um estágio com a Maria do Socorro?
– Mas isso já é um absurdo, Tibério! O que as pessoas vão dizer de um gerente estagiando com uma supervisora?

Tibério percebeu que chegara ao nó da questão.

– Spock, se isso vai ajudá-lo a resolver sua deficiência, qual o problema?

– OK, Tibério. Vamos fazer. – respondeu Spock ainda contrariado.

– No próximo mês, vamos conversar sobre este seu intercâmbio – concluiu Tibério, estendendo a mão para Spock para selar o compromisso.

No mês seguinte, Tibério surpreendeu-se com um Spock sorridente e descontraído entrando em sua sala para a sessão de liderança *coach*.

Tibério logo perguntou:

– Como foi o intercâmbio com Maria do Socorro, Spock?

– Surpreendente. Eu não fazia ideia do trabalho que ela teve com a equipe. O pessoal faltava demais. Ela tinha muita rotatividade e fofoca no grupo.

– E como ela reverteu a situação?

– Ela promoveu treinamentos, trocou lideranças negativas, redistribuiu tarefas e colocou os mais experientes para ajudar os novatos.

– Ótimo. E a partir do que aprendeu com a Maria do Socorro, o que você pretende fazer com a sua equipe?

– Mais ou menos a mesma coisa que ela.

– Certo. E em quanto tempo você planeja colocar em prática estas ações?

– Imediatamente. Daqui dois meses já terei conseguido mudanças significativas com a equipe.

– E que meta pode ser atingida em dois meses?

– Devemos diminuir as reclamações em 50%.

– Tudo isso em apenas dois meses? É uma meta bastante ambiciosa.

– Você tem razão. Acho mais realista colocar a meta de 25%.

– Ok. Bom trabalho, Spock. Encontro você em dois meses para avaliarmos o processo.

– Fechado, Tibério.

Mais dois meses se passaram até o próximo encontro de liderança *coach*. Mas daquela vez, Spock parecia tenso.

Tibério preocupado logo perguntou:

– Tudo bem, Spock?

– Tudo péssimo, Tibério. A minha equipe é ruim demais. Só tem anta!

– Acalme-se Spock e descreva o que aconteceu.

– Primeiro eu refiz o treinamento técnico com todo mundo. E na avaliação final, todo mundo se saiu bem.

– Muito bom.

– Que nada, Tibério. No treinamento eles fazem certo. Mas no cliente eles se enrolam, não sabem orientar e nem negociar.

– E por quê?
– Porque eles preferem jogar o problema pra gente resolver.
– E você conseguiu que os mais experientes ajudassem os mais novos?
– Sem chance! Eles vão acabar dando mau exemplo! – exclamou Spock.
– Então o problema não é técnico e sim de comportamento?
– É isso mesmo, Tibério.
– E este comportamento inadequado é uma resposta negativa ao comportamento do cliente ou da chefia?
– Claro que é do cliente. – respondeu Spock contrariado – Por que eles reagiriam negativamente ao meu comando?
– Boa pergunta, Spock. O que faz um colaborador não seguir as orientações da chefia, mesmo estando capacitado para fazê-lo?
– Rebeldia! Talvez queiram ser demitidos.
– E o que você pretende fazer a respeito?
– Nada, Tibério. Eu teria de trocar todo mundo.
– Mas Spock, o que garante que uma nova equipe vai ter um desempenho melhor?
– É. Eu sei. Por isso não há mais nada a fazer.
– E se você mudar o seu comportamento com seus liderados?
– Mudar o meu comportamento? Por que, se eu estou certo e eles estão errados? – perguntou Spock fechando os braços e a expressão – Eu sou desse jeito e não posso mudar.
Tibério percebeu que o momento era crítico.
– Spock, você sente a necessidade de um aconselhamento ou treinamento para lidar com esta situação?
– Ah, não, chefe. Mais papo de psicólogo eu não aguento!
– Então que tal um bom treinamento comportamental?
– E o que eu posso aprender num treinamento destes? – perguntou Spock quase em tom de deboche.
– Aprender a ter novas respostas aos mesmos problemas. Não te parece uma proposta interessante?
Depois de mais algumas perguntas de Tibério, Spock decidiu inscrever-se em um treinamento da famosa consultora Elvira Von Blasfem.
Ao final da conversa, os dois marcaram um novo encontro dali a seis semanas, logo após o treinamento.
Na data marcada, Tibério e Spock se reencontraram. Spock parecia aliviado, apresentando-se sorridente ao chefe.
– Como foi o treinamento? – questionou Tibério.
– Interessante. A doutora Von Blasfem soube passar o recado.
– E qual foi esse recado?

– Que comportamento gera comportamento. Se a minha equipe oscila entre rebeldia e apatia, isso é causado pelo meu comportamento.

Tibério, surpreso com a naturalidade de Spock avaliando a situação, perguntou:

– E qual comportamento seu tem gerado rebeldia e apatia na equipe?

– Eu tenho sido bastante crítico a maior parte do tempo: dou ordens, aponto erros, coloco limites, critico e inferiorizo a equipe.

– E qual a solução para este problema? – perguntou Tibério, sem conseguir conter o entusiasmo.

– Ela me orientou a sair do comportamento crítico para outro mais racional, equilibrado. Eu devo perguntar mais e mandar menos.

– E como você vai buscar essa mudança?

– Vou começar com uma conversa com o mais experiente dos meus técnicos: o Zé Hamilton. E o que você me recomenda chefe?

Exercício 1:

No lugar de Tibério, qual a sua recomendação a Spock?
a. Fazer perguntas que ajudem o subordinado a entender os próprios problemas para planejar ações de melhoria.
b. Encorajar o subordinado a assumir as posturas adequadas nas visitas ao cliente.
c. Delegar ao subordinado a tarefa de melhoria do seu desempenho.
d. Nenhuma das anteriores.

Quadro Comparativo entre *Coaching* e Liderança– *Coach*

Características	*Coaching*	Liderança– *Coach*
Relação	*Coach* profissional X *coachee* cliente	Líder *coach* X *coachee* liderado
Foco do Trabalho	Apoio na realização de metas pessoais ou profissionais de curto, médio e longo prazo	Apoio no desenvolvimento de competência específica no contexto da empresa

Métodos.	Sessões periódicas, utilizando perguntas para que o *coachee* identifique metas e competências a desenvolver	
Duração	Variável, em processo com início, meio e fim, acordado entre as partes	Continuada, com início, meio e fim acordado entre as partes para o atingimento de renovadas metas profissionais
Indicação	Redirecionamento pessoal e profissional	Redirecionamento profissional ou funcional

Exercício 2:

Dê uma nota de 0 a 10 para as suas competências para exercer o papel de líder coach.

Competências de um Líder *Coach*	Descrição	Sua avaliação
Planejamento	– Capacidade de apoiar o liderado *coachee* na execução de seu plano de desenvolvimento pessoal.	
Organização	– Capacidade de organização pessoal para realizar as sessões de liderança *coach* – Capacidade de organizar as informações necessárias para ajudar o liderado *coachee* no seu plano de autodesenvolvimento	
Visão sistêmica (do todo)	– Capacidade de ter uma visão do cargo e do perfil do liderado *coachee* dentro da organização e do plano de carreira da empresa	
Raciocínio lógico	– Capacidade de organizar as informações recebidas do liderado e sobre ele para ajuda-lo em seu plano de desenvolvimento	
Conhecimento técnico da função	– Conhecimento suficiente para entender os objetivos, papéis e funções do cargo do liderado *coachee*	

Comunicabilidade	Capacidade de ouvir atentamente, ter clareza nas colocações e ser eficaz ao compreender o que o liderado *coachee* fala e expressa em gestos, expressões e tom de voz	
Proatividade	Atitude de antecipar dificuldades e buscar gerenciá-las no processo de desenvolvimento do liderado *coachee*	
Conhecimento técnico de *coach*ing	Conhecimento das técnicas de *coach*ing a serem aplicadas na relação específica de líder X liderado	
Empatia	Capacidade de se colocar no lugar do outro, compreendendo sentimentos e necessidades	
Flexibilidade	Capacidade de adaptar o processo às necessidades surgidas ao longo do processo	

Análise dos Resultados:
Preste atenção às características que você se atribuiu nota menor do que sete.

Perceba até que ponto você precisa mudar atitudes, treinar habilidades ou pedir supervisão para cumprir o papel de líder *coach*.

⇨ **Exercício 1: Resposta recomendada: a.**
Ajudar o subordinado experiente através de perguntas é indicado porque:
– Ajudará o subordinado na avaliação de suas necessidades de melhoria;
– Aumentará o compromisso do subordinado na sua qualificação e melhoria.
– Disciplinará o impulso diretivo e crítico de Spock ao lidar com os subordinados.

Bibliografia:
DI STÉFANO, Rhandy. *O Líder– Coach – Líderes Criando Líderes*. Ed. Qualitymark, 2005.

3B Líder

Líder Chicote a Líder Coach: O Confronto Final.

Capítulo 3B – Líder Chicote a Líder Coach: O Confronto Final

Como desenvolver pessoas usando a liderança *coach*.

Uma semana se passou até que Cristiano Spock conseguisse marcar uma reunião com o técnico Zé Hamilton.

Ao agendar a reunião, Spock sentia-se muito seguro. Mas logo depois vieram as dúvidas.

'Será que saberei usar tão bem as perguntas como meu chefe Tibério?' – perguntava-se ele.

Spock resolveu então estruturar um questionário para guiá-lo na reunião.

'Ele vai me ajudar a ouvir mais e falar menos!' – repetia para si mesmo, em busca de segurança.

Spock ruminou aqueles pensamentos durante a noite inteira na véspera da reunião. E quanto mais pensava menos seguro sentia-se. E quando ele finalmente concluiu que não estava pronto para a reunião, o despertador tocou.

'Hora de enfrentar o inimigo', pensou Spock. A questão era saber quem seria seu pior inimigo na hora do diálogo: Zé Hamilton ou ele mesmo.

Às nove da manhã em ponto, Zé Hamilton apresentou-se na sala de reuniões.

– Posso entrar, chefia?
– Claro Zé Hamilton.
– Qual o problema desta vez, seu Spock?
– Nenhum. Hoje vamos conversar sobre como melhorar o seu desempenho, meu velho.
– Por quê? O que eu estou fazendo de errado?
– Nada.
– Mas se não há nada pra melhorar, por que eu estou aqui?
– Não seja estúpido, Zé Hamilton! Sempre há o que melhorar!
– Desculpe chefe.

Cristiano percebeu que seu comportamento começava a sair dos trilhos.
– Desculpe-me, Zé Hamilton. Você não é estúpido.
– Tudo bem, chefe. – respondeu Zé Hamilton parecendo conformado – Eu já estou acostumado. Eu sei que no fundo o senhor não fala por mal.
– É verdade. Hoje vamos conversar sobre seus pontos fortes e fracos.
– Pode falar, chefe. Sou todo ouvidos.
– Não Zé Hamilton. É você que vai falar.
– Eu? Mas o que o senhor quer que eu fale?
– Eu já falei! – exclamou Spock procurando conter-se – Mas vou repetir: quero que você descreva seus pontos fortes e fracos.
– Posso pensar? – perguntou Zé Hamilton meio confuso.
Cristiano percebeu que era hora de fazer perguntas.
– Zé Hamilton, o que você acha que pode ser melhorado no seu trabalho?
– Nada.
– Nada!? Mas as coisas sempre podem melhorar, você não acha?
– Não sei não, seu Spock. Eu vou pensar e depois passo algumas coisas por *e-mail*, falou? Posso ir agora? Tenho muitas visitas ainda pra fazer.
Cristiano Spock, desapontado, fechou o sorriso, cruzou os braços e lançou seu olhar inquisidor.
– Zé Hamilton, você sabe por que eu tenho dado tanta bronca em vocês?
– Sei lá, né chefe. – respondeu Hamilton.
– Você trabalha comigo há tanto tempo, mas se comporta como se tivesse entrado ontem. Eu tenho de repetir a toda hora as mesmas coisas.
– Ora chefe, se é isto que o irrita, a solução é simples: é só o senhor parar de repetir as mesmas coisas sempre. – disse Hamilton esboçando um sorriso amarelo.
– Ah, e você espera que eu fique calado vendo tanta coisa errada acontecer?! – questionou Spock indignado.
– Chefe, antes de ficar nervoso o senhor poderia tentar entender o lado da gente.
– E o que você acha que eu estou tentando fazer agora?
– Bom, seu Spock, o senhor quer realmente saber o que eu acho?
– Claro que sim. – respondeu Spock – Fale sem medo, Zé. Qual seu ponto forte e ponto fraco?
– Seu Spock, meu ponto forte é tentar consertar as coisas erradas que a gente faz. E o ponto fraco é não questionar o que me mandam fazer.
– Como assim? – questionou Spock surpreso.
Spock ouviu a partir de então, abismado, uma análise detalhada de Zé Hamilton sobre o que funcionava ou não no departamento.

Ao final do relato, Spock questionou:

– Eu estou pasmo, Zé. Pela primeira vez em anos você fala algo que faz sentido. Por que você está me dizendo tudo isso só agora?

– Porque pela primeira vez o senhor parece interessado em ouvir.

Spock sentiu aquelas palavras como estocadas no estômago. Lembrou-se imediatamente da frase de Elvira Von Blasfem: comportamento gera comportamento.

Após um instante de reflexão, Spock abriu um sorriso e estendeu a mão para Zé Hamilton:

– Você está certo, Hamilton. Eu realmente estou interessado em ouvi-lo. E este é apenas o início.

Hamilton apertou-lhe a mão, sem perceber o significado daquele momento para Spock: pela primeira vez ele sentiu-se um líder.

Os dois ainda continuaram a conversa, estabelecendo prioridades e prazos para providências e treinamentos.

Após a reunião, Cristiano Spock admirou-se ao notar que Zé Hamilton havia falado mais que ele. E mais notável: o subordinado havia assumido naturalmente iniciativas e responsabilidades, como nunca.

Spock saiu da reunião com sentimentos contraditórios: a satisfação de ter avançado como líder e a insegurança de quem estava apenas no início de um longo aprendizado.

Exercício 1:

Em sua opinião, esta reunião entre Spock e Zé Hamilton seguiu a metodologia de liderança *coach*?

a. Sim, pois ele fez mais perguntas do que deu respostas.
b. Sim, no início. Mas no meio, ela acabou tornando-se um desabafo e diálogo franco sobre as expectativas de um em relação ao outro.
c. Não, porque não havia clima de confiança entre ambos e preparo do líder para usar a liderança *coach*.
d. Nenhuma das anteriores.

Será que você está pronto para exercer a liderança *coach*?

Primeiramente, vamos diferençar a liderança *coach* de outras metodologias e atividades do líder.

Exercício 2:

O que é não é liderança *coach*	O que é liderança *coach*
Oferecer aconselhamento	Contribuir para que o liderado e a equipe encontrem as respostas
Consertar comportamentos problemáticos	Desenvolver novos potenciais e comportamentos
Dar bronca	Gerar aprendizado
Levar muito tempo para conversar	Conversar de maneira estruturada
Ajudar a melhorar benefícios e condições de trabalho	Ajudar a desenvolver competências
Basear-se na intuição e subjetividade	Basear-se num processo estruturado com foco em solução
Resolver problema com uma só conversa	Resolver problemas através de um processo de aprendizado
Avaliar desempenho	Avaliar e desenvolver competências

Abaixo estão as etapas do processo de liderança *coach*. Dê um visto em cada etapa que você considera já estar pronto para executar junto a seus colaboradores:

Etapas do Processo de Liderança *Coach*	Estou preparado
I. Entenda quem é o liderado *coachee***:**	
Metas de curto, médio e longo prazo	
Autoavaliação	
Avaliação de chefias, colegas, subordinados e parceiros	
Quais atividades executa melhor e pior	
Quais são seus modelos de referência profissional	
Quais os valores que estão por trás das suas metas	
Qual a sua missão profissional (o legado que pretende deixar com seu trabalho)	
Qual papel ele precisa reforçar profissionalmente para cumprir a sua missão	
Quais competências ele precisa desenvolver dentro deste papel que quer reforçar	
II – Desenvolva uma conexão pessoal com o liderado *coachee*	
Demonstre interesse no processo de desenvolvimento e aprendizado	
Conquiste a confiança do liderado *coachee*, deixando-o seguro para compartilhar suas inseguranças no processo de mudança	

Aprenda a ouvir sem julgar, entendendo cada vez mais "o mapa mental" (como a mente da pessoa funciona) e captar as qualidades do *coachee* que ele mesmo não consegue perceber	
Mantenha a confidencialidade das informações do processo	
Ajude o *coachee* a estabelecer metas realistas	
Evite dar conselhos ou fazer o papel de terapeuta	
III – Definição de Metas:	
Identifique se o *coachee* procura desenvolvimento de perfil profissional para novos cargos ou melhoria de desempenho na função que ocupa	
Ajude o liderado *coachee* a diferençar o que ele quer do que ele não quer	
Ajude o *coachee* a declarar sua meta para aumentar o compromisso e coerência de ações	
Ajude o *coachee* a estabelecer a sua meta alinhada ao contexto no qual ele atua dentro da empresa	
Identifique qualidades, habilidades e competências que serão necessárias para o atingimento da meta e quais delas precisarão ser desenvolvidas ou aprimoradas no processo	
Ajude o *coachee* a desenvolver submetas de desenvolvimento para o atingimento da meta final	
Ajude o *coachee* a estabelecer metas desafiadoras, nem muito difíceis que não possam ser atingidas, nem fáceis de mais que causem tédio	
IV – Plano de Ação:	
Ajude o *coachee* a definir ações e prazos para desenvolver e treinar novas competências	
Comemore junto ao *coachee* as pequenas vitórias durante o processo	
V – Obstáculos:	
Ajude o *coachee* a antecipar possíveis obstáculos externos e internos para desenhar alternativas para o plano de ação	
Ajude o *coachee* a distinguir obstáculos externos (recursos, tempo, conhecimento) e obstáculos internos (experiências pessoais, crenças e raciocínios recorrentes) ao atingimento das metas	
Compreenda o 'mapa mental' do *coachee* para ajudá-lo a superar problemas que surgem de sua própria maneira de perceber e interagir com as dificuldades	

VI – *Feedback*:	
Prepare–se para dar *feedback* ao *coachee* buscando colaborar com o seu desenvolvimento	
Valorize as intenções positivas, mesmo que as consequências não tenham sido as esperadas	
Use o *feedback* positivo como instrumento de estímulo no processo, mesmo que os resultados finais ainda não tenham sido atingidos	

⇨ **Exercício 1: Resposta recomendada: c.**

No caso de Spock e Zé Hamilton faltavam confiança mútua, clareza de objetivos e a segurança de Spock tanto na metodologia quanto na postura de líder *coach*.

Mas a postura do líder que faz perguntas para detectar problemas e estabelecer metas de desenvolvimento foi preservada, o que garantiu um avanço no processo de liderança.

Algumas pessoas assumem este papel com naturalidade, enquanto outras terão longo aprendizado.

Bibliografia:
DI STÉFANO, Rhandy. *O Líder– Coach – Líderes Criando Líderes*. Ed. Qualitymark, 2005.

Parte II

– Automotivação para Líderes & Motivação de Equipes

4 Líder
Autocontrolado ou Autocentrado?

Capítulo 4 – Líder Autocontrolado ou Autocentrado?

Como manter o autocontrole e a automotivação para liderar.

Luís Veiga, o grande empreendedor do setor de varejo, teve três ataques de pânico: o primeiro no seu escritório, outro em casa e o último em um evento empresarial. Todos igualmente infernais: sensação de que iria ter um infarto, com taquicardia incontrolável e sensação de estar à beira da morte.

– Como um homem tão frio e controlado pode chegar a esta situação? – perguntavam amigos e familiares.

– Castigo de Deus! – comentavam discretamente alguns subordinados – Aqui se faz, aqui se paga!

– Nestas condições, ele vai ter de vender os seus negócios. – comentavam concorrentes e acionistas de mercado.

Assim que Luís Veiga chegou ao consultório do famoso psiquiatra Otto Von Blasfem, perguntou:

– Como isso foi acontecer comigo, Doutor? Eu não sou louco!

– É o que todos dizem – respondeu Dr. Otto enquanto terminava de preencher a receita.

– O que o senhor está insinuando?

– Seu Luís, com esta medicação o senhor vai sentir-se melhor. Mas vai precisar de acompanhamento psicológico e afastamento do trabalho.

– Me afastar dos negócios? Isso está fora de cogitação.

Otto olhou fixamente para Luís:

– O senhor lembra onde estava quando nós chegamos ao seu escritório?

– No parapeito da minha sala no vigésimo andar. – disse Luís meio sem jeito – Mas eu não ia me suicidar. Eu só estava descontrolado, Dr. Von Blasfem.

– Eu sei. Por isso é que o senhor precisa esperar os efeitos do tratamento, antes de voltar à sua rotina.

– Eu não posso me ausentar, Dr. Von Blasfem. Especialmente agora que os tubarões da concorrência estão farejando sangue.

– O senhor deve ter executivos para delegar a administração da empresa.

– Eu não confio neles. – disse Luís desanimado – Doutor Von Blasfem, eu preciso é de alguém para me ajudar a não entrar em crise.

– Infelizmente as crises não podem ser previstas, especialmente nesta fase do tratamento. Mas acho que tenho a pessoa certa para apoiá-lo.

– Quem?

– Elvira Von Blasfem, minha ex-mulher, especializada em treinamento de competências emocionais para executivos estressados como senhor.

– Estressado, eu? Tirando estes acessos esquisitos, eu estou muito bem. – disse Luís já se levantando para ir embora – Fale pra ela estar amanhã sete e meia da manhã do meu escritório.

Antes de ouvir a reprovação do psiquiatra, Luís Veiga pegou a receita e deu-lhe as costas.

No dia seguinte, Elvira Von Blasfem, depois de alterar sua agenda lotada, conseguiu um horário para uma visita a Luís Veiga. E tão logo ela entrou na sala de empresário, teve uma recepção inesperada:

– Por que demorou tanto? – reclamou ele – Eu precisava da senhora aqui de manhã.

– É um prazer conhecê-lo também, Senhor Luís Veiga. Meu nome é Elvira Von Blasfem...

– Eu sei quem é a senhora. Vamos negociar um bom contrato de trabalho.

– Senhor Luís Veiga, eu vim aqui a pedido do Otto para conversar com o senhor, sem compromisso, para ajuda-lo neste momento.

– Sem custo? Ótimo.

– Seu Luís, há quanto tempo vem sentindo os sintomas de ansiedade?

– Eu nunca senti nada antes, Doutora.

– Com que frequência o senhor sente taquicardia, frio no estômago, pensamentos negativos, mãos e pés frios e tensão muscular?

– Ora, dona Emília, empresários na minha posição devem sentir isso a maior parte do tempo.

– Não, seu Luís, isso não é normal acontecer o tempo todo. Isso é sintoma de um transtorno de ansiedade.

– Doutora, sente-se na minha cadeira por duas horas e você vai ver que não há alternativa.

– Seu Luís, eu sugiro que faça um diário onde descreva quantas vezes sente esses sintomas e em que circunstâncias.
– E do que vai adiantar isso?
– Este será o primeiro passo para que entenda o seu processo de ansiedade e como gerenciá-lo futuramente.
– Não vai dar certo. Não dá tempo pra pensar no que me gera ansiedade, muito menos fazer algo pra relaxar. Eu tenho de matar um leão por dia.
– Seu Luís, se o senhor não aprender a domar este leão, ele vai devorá-lo por dentro. Tente fazer isso por uma semana e voltaremos a conversar.

Exercício 1:

No lugar de Luís, o que você faria durante a semana seguinte, em relação a seu alto grau de estresse:

a. Tentaria ignorá-lo, o que diminuiria a minha aflição com ele.
b. Tentaria fazer uma reflexão periódica para entender quais as principais fontes de estresse.
c. Procuraria adotar atividades relaxantes assim que sentisse os sinais do estresse.
d. Não faria nada, pois é inútil identificar ou tentar gerenciar o estresse.

Propomos agora um exercício para que você avalie sua própria competência intrapessoal – capacidade de perceber e lidar com as próprias emoções.

1. Pense no último mês, e responda:

Ocorrências	Raramente	Algumas vezes	Frequentemente
1. Sentiu dificuldade para dormir devido a problemas do trabalho.			
2. Sentiu desânimo e desconforto físico no trabalho ou quando pensou nele.			
3. Irritou-se bastante com pessoas e acontecimentos no trabalho.			
4. Sentiu-se abatido e sem ideias para lidar com problemas e desafios do trabalho.			

5. Sentiu-se culpado por não dar conta dos problemas no trabalho.			
6. Não conseguiu parar de pensar nos problemas profissionais, que pareciam insolúveis.			
7. Teve conflitos graves e aparentemente insolúveis com mais de um colega de trabalho.			
8. Sentiu-se tão cansado que não conseguiu relaxar.			
9. Sentiu dores de estômago, cabeça e/ou musculares.			
10. Teve alteração de apetite e humor.			
Total de respostas:			

Análise dos Resultados:

– 10 respostas **raramente:** parabéns. Seu nível de estresse profissional está sob controle.

– 9 a 6 respostas **raramente:** atenção. Identifique quais são os fatores que aumentam seu estresse, para gerenciá-los.

– 5 a 0 respostas **raramente:** perigo. Seu estresse já passou do limite aceitável e produtivo. Busque ajuda de sua chefia, RH e médico para gerenciar esta situação, antes que ela possa causar consequências sérias no campo profissional, emocional e físico.

Dicas para Gerenciar Emoções no Ambiente Profissional:
1. Perceba quais emoções você experimenta com maior frequência no seu ambiente profissional. Saiba detectar sensações físicas e emocionais de alegria, amor, tranquilidade, raiva, medo, tristeza e suas variações.
2. Faça um diário ao terminar o seu dia de trabalho, sobre quais emoções você sentiu e o que as ativou.
3. Se você tiver muita dificuldade em dar nomes às emoções e associá-las aos estímulos externos, busque uma pessoa de confiança fora do seu trabalho para trocar ideias sobre isso.
4. Caso seja muito difícil para você realizar as três etapas anteriores, busque ajuda especializada de um psicólogo ou psiquiatra para entender suas emoções dentro do ambiente de trabalho.
5. Uma vez habituado a identificar as emoções, busque gerenciar de maneira positiva situações externas e reações internas aos problemas. Pergunte– se com frequência: esta emoção está me

ajudando ou prejudicando na solução do problema? Eu consigo controlá-la? O que pode me ajudar a diminuir sua ação negativa?
6. Estabeleça prioridades na gestão das emoções no trabalho e valorize suas conquistas de autoconhecimento e autocontrole.
7. Lembre-se que, como diria Daniel Goleman em seu 'Inteligência Emocional', "temperamento não é destino": ser naturalmente mais ansioso ou agressivo não justifica todos seus "sequestros emocionais". (atitudes impulsivas)
8. Descubra estratégias inteligentes para gerenciar seu temperamento. Agressividade e ansiedade, quando controladas, podem ser instrumentos importantes para o seu desempenho como líder.

⇨ **Exercício 1: Resposta recomendada: b.**

A alternativa c seria ideal, mas dificilmente seria possível atingi-la sem a b, que significa aumentar a sua percepção emocional. Somente detectando o problema é que você poderá fazer algo a respeito.

Será que seu Luís poderá mudar seus hábitos profissionais e emocionais na terceira idade?

Elvira Von Blasfem está propondo ao veterano empresário um exercício de alfabetização emocional: perceber as próprias emoções e dar nome a elas. Este é o primeiro passo para aquilo que o famoso livro de Daniel Goleman denominou de 'inteligência emocional'.

- Você consegue perceber e dar nome às próprias emoções com facilidade?
- E quando consegue isso, sabe o que fazer pra aliviar-se das emoções negativas?

Esta competência pessoal permitirá que resolva problemas complexos e consiga tomar decisões racionais em meio a crises e grande estresse. A boa notícia é que, mesmo que não seja fácil pra você fazer isso, a prática contínua pode melhorar bastante a administração das suas emoções.

Bibliografia:
GOLEMAN, Daniel. *Inteligência Emocional*. Ed. Campus, 1995.
COOPER, Robert. *Inteligência Emocional na Empresa*. Ed. Campus, 1997.

5 Líder
de Relacionamentos Produtivos ou Improdutivos?

Capítulo 5 – Líder de Relacionamentos Produtivos ou Improdutivos?

Como aumentar a sua capacidade de ouvir, influenciar e desenvolver relacionamentos.

Uma semana depois do primeiro encontro, a psicóloga Elvira Von Blasfem retornou ao escritório de Luís Veiga para o acompanhamento.

O veterano empresário já se sentia melhor.

– O remédio está fazendo efeito. Meu pesadelo acabou! – Comemorou sorridente, mesmo antes de cumprimentar Elvira.

– Que bom, seu Luís. E o exercício sobre a percepção da ansiedade? – perguntou Elvira.

– Eu nem consegui anotar quantas vezes me senti ansioso. – respondeu ele – É só ter de conversar com funcionários, clientes e fornecedores.

– O senhor tem a impressão que eles estão sempre contra o senhor?

– Impressão não. Eu tenho certeza! Essa gente aqui adoraria me ver no túmulo.

Elvira esboçou um sorriso.

– Seu Luís, para administrar seu estresse será preciso mudar a forma como se relaciona na empresa.

– Mas como mudar se ninguém oferece ajuda? Eles só querem reclamar, cobrar ou fugir das suas responsabilidades.

– Se as pessoas reagem dessa maneira é porque o senhor tem assumido uma atitude ganha-perde com elas.

– Qual o problema? Esta é a lei do mundo dos negócios. Tem sempre um vencedor e um perdedor.

– E se o senhor começar a estabelecer relações ganha-ganha com colaboradores, fornecedores e clientes?

– Aí, além de ansioso, eu vou falir!

– Será? Eu tenho muitos clientes corporativos investindo em relações ganha– ganha. E eles se tornaram muito mais eficientes e competitivos.

Diante da incredulidade de Luís Veiga, Elvira questionou:
– Se o senhor fosse seu empregado, além de salários e prêmios, o que mais gostaria de ganhar?
– Se fosse meu empregado levantaria as mãos para o céu: somos idôneos, cumprimos o combinado, pagamos em dia, salários justos...
– E o senhor acha isso suficiente? Eu sugiro que o senhor descubra o que faria seus colaboradores se sentirem ganhando junto com a empresa.
– A senhora está maluca, dona Severina? – questionou Luís – Se eu perguntar o que eles querem, vão pedir coisas absurdas.
– Será? Pense sobre isso.
Diante da expressão de total contrariedade de Luís, Elvira concluiu:
– Seu Luís, a minha contribuição por ora termina aqui. Enquanto não rever seus relacionamentos, não haverá progresso no seu estado.
Luís parecia contrariado.
– Seja como quiser. Já estou melhor mesmo...
E aquele foi o último diálogo entre os dois em quatro semanas.
Elvira sabia que a falta de novos contatos não era um bom sinal. Em pacientes com o perfil de Luís Veiga, uma recaída era esperada a qualquer momento. Mas fazia parte do seu método de trabalho deixar ao cliente a iniciativa de continuidade do processo.
Depois de um mês, num final de tarde, veio um pedido de socorro pelo celular. Era a secretária de Luís Veiga, desesperada ao ver o chefe tentando pular da janela de seu escritório no vigésimo andar.
Chegando ao escritório de Luís Veiga, Elvira logo percebeu a gravidade da situação: Luís estava sentado no parapeito da sua janela, com o olhar vidrado no chão, congelado.
Elvira chamou-o suavemente da porta do escritório:
– Seu Luís?
– Ai, que susto, dona Cinira. Você quer que eu caia lá em baixo, quer?
– De jeito nenhum. As pessoas estão preocupadas com o senhor. Vamos descer daí?
Eu poderia cair se tentasse. Só de pensar já dá uma tremenda vertigem.
– Se o senhor não queria pular, por que foi parar aí?
– Hoje eu tive uma discussão terrível com um fornecedor. Eles me atrasaram a entrega e causaram um prejuízo danado. Eu exigi a multa.
– E eles?
– Eles alegaram que foi falha dos meus incompetentes funcionários de compra que fizeram o pedido errado e fora do prazo.
– E quem estava certo?
– Sei lá. Foi uma troca de acusações sem fim. Isso vai dar outro processo na justiça. As pessoas sempre querem tirar vantagem de mim.

– Pois agora é o senhor que tem que ajudar a si mesmo. Respire fundo, olhe para mim e venha em minha direção, seu Luís.

Elvira foi acalmando aos poucos o velho empresário, até que ele aceitou sair do parapeito da janela e sentou-se na poltrona à frente de sua mesa.

Logo em seguida, Luís Veiga conclui melancolicamente:

– Eu vou desistir desta encrenca de empresa, me aposentar e investir o tempo que me resta na família e na saúde.

– Mas será que até o final dos seus dias não vai ficar se perguntando o que teria acontecido se tivesse aceitado mudar?

Luís ficou pensativo. Suspirou e perguntou com olhar melancólico:

– A senhora, que é especialista em treinar as emoções dos seus clientes, me responda: como a gente pode retomar a esperança?

Elvira percebeu a pequena janela de oportunidade e perguntou:

– O senhor lembra quando era um jovem profissional com muitos planos e nenhuma experiência?

Luís deu um longo suspiro e respondeu:

– Faria tudo pra voltar àquela época.

– Então volte, seu Luís. Aquele jovem ainda vive aí dentro, soterrado por experiências que o senhor chama de fracassos.

– Ele está é?

– Sim. O seu maior desafio não é aprender o que não sabe, e sim desaprender o que acha que sabe.

Luís parecia ter o olhar perdido, talvez pensando naquele jovem que havia sido um dia. Em seguida, perguntou:

– A senhora acha que eu tenho chances?

– Com certeza.

– Então o que a senhora sugere para que eu aprenda essas tais competências interpessoais?

Exercício 1:

Se você fosse Elvira, qual das estratégias abaixo você sugeriria a Luís Veiga para melhorar os relacionamentos na sua empresa:

a. Começar por fazer e receber *feedback* dos colaboradores;
b. Realizar um treinamento intensivo de relacionamento e estagiar em organizações que se comuniquem bem.

c. Rever os próprios valores e começar a dar o exemplo de ouvir mais os colaboradores.

d. Todas as anteriores.

Será que, a esta altura da vida, um empresário como Luís Veiga seria capaz de melhorar a sua competência interpessoal?

Competência interpessoal é a capacidade de perceber e lidar com os sentimentos dos outros, nos relacionamentos.

Exercício 2:

Que nota você daria para sua capacidade de se colocar no lugar dos outros e desenvolver relacionamentos produtivos no trabalho?

Faça sua autoavaliação de habilidades interpessoais no trabalho, por meio do exercício abaixo:

Busque ser o mais realista possível nesta análise.

Se possível, peça a pessoas próximas e confiáveis para analisarem você pelos mesmos critérios. E depois compare os resultados. Isso vai ajudá-lo a calibrar a sua autoimagem pela visão dos outros.

Habilidades Interpessoais	Nunca	Às Vezes	Sempre
1. Percebo alterações emocionais dos meus subordinados e colegas através de postura corporal, tom de voz e expressões faciais			
2. Percebo quando as pessoas estão tentando esconder ou minimizar o problema através do tom de voz			
3. Percebo quando preciso ser mais firme ou mais amigável para convencer liderados e colegas			
4. Tenho facilidade para ouvir as pessoas e entender as suas motivações, ainda que discorde delas			
5. Tenho facilidade de conquistar a confiança dos liderados e colegas. Eles compartilham segredos e intimidades comigo			
6. As pessoas gostam de pedir meus conselhos, mesmo quando não são obrigadas			
7. Tenho facilidade de mediar conflitos e entrosar pessoas muito diferentes entre si			
8. Tenho facilidade de formar e desenvolver equipes			

9. Tenho facilidade de compreender a hora de falar e de ficar quieto numa discussão			
10. Numa negociação, tenho facilidade de chegar a uma alternativa satisfatória pra mim e para a outra parte			

Análise do questionário:

I – As questões 1 a 3 estão relacionadas à **capacidade de empatia** – perceber as emoções dos outros. Ela é um pré-requisito para a competência interpessoal. Se você tem dificuldade para perceber as emoções dos outros:
- Habitue-se a perguntar como eles se sentem, antes de começar um *feedback* ou reunião importante.
- Troque ideias com pessoas confiáveis sobre como elas percebem as emoções de pessoas 'difíceis' em situações 'problemáticas'. E lembre-se: mulheres normalmente são mais competentes nesta habilidade e podem ser boas consultoras neste quesito.

II – As questões 4 a 6 estão relacionadas à **capacidade de ser um bom ouvinte** e transmitir segurança e confiabilidade no relacionamento. Se estes são seus pontos fracos, prepare-se para ser um melhor ouvinte:
- Demonstre interesse no que os colaboradores têm a dizer.
- Dê reforços positivos durante a conversa, para que a pessoa se sinta segura ao se expor.
- De vez em quando tente revisar os pontos da conversa, demonstrando que você está prestando atenção e compreendendo o que a pessoa quer dizer.
- Evite fazer julgamentos. Substitua **você deve, você tem, você está certo, você está errado** por **eu acho, eu penso, seria melhor, pense a respeito.** Isso vai demonstrar que você está *pensando* e não *julgando* quem ouve.

III – As questões 7 a 10 referem-se à sua **capacidade de gerenciar relacionamentos.** Se você tem dificuldades nestes itens:
- Busque treinamentos específicos, com atividades simuladas e dramatizadas, para melhorar sua habilidade.
- Busque acompanhar, observar e se aconselhar com pessoas que você considere competentes neste quesito.

Bibliografia:
GOLEMAN, Daniel, Inteligência Emocional, Ed. Campus, 1995.
COOPER, Robert, Inteligência Emocional na Empresa, Ed. Campus, 1997.

Exercício 1: Resposta recomendada: d.
Todas as alternativas acima são válidas para a melhoria da comunicação.
Alternativa a: começar a mudança com os colaboradores chave é o primeiro passo para mudar a cultura da empresa.
Alternativa b: importante na sensibilização, convencimento e habilitação das pessoas para melhorar relacionamentos.
Alternativa c: pré-requisito para que o executivo consiga assumir a liderança positiva no processo de melhoria da comunicação.

6 Líder
que estimula ou frustra a motivação da equipe?

Capítulo 6 – Líder que estimula ou frustra a motivação da equipe?

Como melhorar a motivação da equipe para melhoria do desempenho.
Desde o primeiro dia de à frente da Tupiniquim Ltda, Leila Antunes ouviu reclamações dos executivos.
A primeira foi Lídia, coordenadora de RH:
– As pessoas reclamam dos benefícios e salários congelados desde que a Tupiniquim foi colocada à venda – disse Lídia ao apresentar seus relatórios – A rotatividade é alta e tivemos vários problemas trabalhistas.
Leila imediatamente determinou:
– Vamos equiparar salários e benefícios com o resto das empresas do grupo. E é pra ontem!!!
Leila tinha certeza que aquelas medidas aumentariam a motivação dos empregados. Mas, para sua surpresa, o único aumento foi o de reclamações.
Leila levou o problema para a reunião de gerentes
– Como vocês me explicam isso? – questionou ela.
Os gerentes responderam em forma de jogral:
– Leila, as pessoas acham que vocês não ouvem os funcionários – disse um.
– O pessoal está estranhando tanto autoritarismo – complementou outro.
– Todos reclamam da falta de diálogo. – concluiu o terceiro.
– Quem eles pensam que são? – questionou Leila, furiosa.
Ela esbravejou, chutou o lixo da sala e derrubou todos os livros de sua mesa. Ao perceber que a cena deixara os gerentes atônitos, ela achou graça:
– Pra que estas caras? Essa é a minha forma de botar pra fora o estresse. – disse Leila, já mais calma – Vamos pedir para o RH promover uma integração.

Nos meses seguintes, Leila acompanhou integrações e reuniões nas quais as pessoas puderam dialogar e interagir. O clima de trabalho parecia ter melhorado. Mas dos resultados práticos esperados por Leila, nem sinal.

– E agora – questionou ela com olhar inquisidor à equipe de gerentes – qual a justificativa para tudo continuar na mesma?

E os gerentes voltaram a fazer um belo coro:

– Mudar leva tempo. – disse um.

– Muitas mudanças ao mesmo tempo geram confusão, Leila – falou o segundo.

– Calma Leila – completou o terceiro – em breve os resultados vão aparecer.

Leila não parecia nem um pouco convencida.

– A batata de vocês já está dourando. – repetia ela em tom ameaçador – A diretoria deu um ultimato: ou geramos resultado ou fechamos.

Ao final da reunião, ela foi taxativa.

– Vamos estabelecer metas de qualidade e produtividade para todos os departamentos e premiar os melhores indivíduos e equipes!

Ao final de dois meses, os resultados foram visíveis. No terceiro mês, eles ainda foram razoáveis. Mas no quarto voltaram a desabar.

– Vocês acham que eu estou brincando? – berrou Leila aos gestores, com dedo em riste – Vão todos para o olho da rua, cambada de folgados!

Leila queria se livrar daquele coro de mortos– vivos que só sabiam dar desculpas. Mas ela sabia que não tinha tempo para mudar uma equipe inteira.

'Que diabo está faltando para esta gente? Eles têm boas condições e clima saudável de trabalho, premiação para atingimento de metas!' – questionava– se Leila.

Exercício 1:

Se estivesse no lugar de Leila, o que você faria?
a. Repassaria para os gerentes o ultimato dado pela diretoria;
b. Faria uma 'caça às bruxas' para descobrir lideranças negativas;
c. Analisaria as deficiências dos projetos e das pessoas envolvidas nele.
d. Faria sua auto– avaliação dos pontos fortes e fracos como líder.
e. Nenhuma das anteriores.

Exercício 2:

Qual o principal erro cometido por Leila em relação à motivação dos colaboradores da Tupiniquim?
a. Tentar "comprar" o comprometimento dos empregados;
b. Colocar- se apenas como uma provedora de recursos, sem estimular o crescimento da equipe;
c. Deixar de fazer seu próprio diagnóstico da empresa, baseando-se exclusivamente na visão de gestores resistentes;
d. Deixar de fazer seu diagnóstico da própria equipe de gestores, que influenciam todos os demais;

I – Exercício de Autoanálise:

Preste atenção no quadro abaixo e dê uma nota de 1 a 5, pensando na sua equipe.
- Quanto mais próximo da definição da coluna da esquerda, menor a nota.
- Quanto mais próximo da definição da coluna da direita, maior a nota.
- Em seguida, some as notas dadas para cada item daquela etapa.
- Por fim, some os pontos das quatro etapas. Esta somatória vai servir para sua autoavaliação.

Sinais de insatisfação	1	2	3	4	5	Sinais de satisfação
1. Alta rotatividade de pessoas.	1	2	3	4	5	Baixa rotatividade de pessoas.
2. Muitas faltas.	1	2	3	4	5	Poucas faltas.
3. Greves e problemas trabalhistas.	1	2	3	4	5	Poucos problemas trabalhistas.
4. Baixa Produtividade e Qualidade.	1	2	3	4	5	Produtividade e qualidade adequadas.
Soma 1						Total 1:
5. Muita fofoca.	1	2	3	4	5	Pouca fofoca.
6. As informações não circulam dentro da equipe/empresa;	1	2	3	4	5	O fluxo de informações funciona bem;
7. Agressividade ou apatia nos relacionamentos.	1	2	3	4	5	Relacionamentos cordiais e positivos.

8. Falta de entrosamento entre pessoas.	1	2	3	4	5	Entrosamento e integração são fáceis.
9. Baixa autoestima no grupo.	1	2	3	4	5	Pessoas se orgulham de pertencer ao grupo.
Soma 2						**Total 2**
10. Muitas pessoas acomodadas;	1	2	3	4	5	Poucas pessoas acomodadas;
11. Muita defasagem de qualificação e atualização na equipe.	1	2	3	4	5	Busca constante de qualificação e atualização na equipe.
12. Pouca competição e cooperação (apatia) em relação às metas.	1	2	3	4	5	Bastante competição e cooperação no atingimento de metas.
Soma 3						**Total 3**
13. Baixo comprometimento com resultados.	1	2	3	4	5	Alto comprometimento com resultados.
14. A maioria faz o estritamente necessário para o cargo.	1	2	3	4	5	A maioria das pessoas busca soluções que vão além do cargo.
15. A maioria só produz quando é cobrada.	1	2	3	4	5	A maioria comporta-se como dona do negócio ou processo.
Soma 4						**Total 4**

Análise dos resultados:

Etapa	Categoria de necessidade analisada	Soma total	Avaliação	Recomendação
1	**FISIOLÓGICA** Manutenção básica da vida: comer, beber, vestir, morar, fazer sexo etc; **SEGURANÇA**: Manutenção do sentimento de segurança física, econômica e profissional.	4 a 12	Equipe insatisfeita (pouco motivada pelo emprego e trabalho).	– Busque adequar salário e benefícios ao mercado. – Busque transmitir segurança de emprego e condições de segurança no trabalho.
		13 a 20	Equipe satisfeita (motivada pelo emprego)	– Mantenha as condições adequadas.

2.	SOCIAIS: Relacionamentos saudáveis e produtivos no trabalho.	5 a 15	Equipe insatisfeita. (pouco motivada pelo emprego e trabalho).	Invista em: – Fortalecimento de trabalho em equipe; – Reuniões de integração; – Treinamentos sobre relacionamento, qualidade e comunicação; – Fortaleça o perfil das lideranças;
		16 a 25	Equipe satisfeita (motivada pelo emprego)	– Mantenha as condições de relacionamento adequadas.
A lógica da motivação aqui se inverte. Se nas necessidades acima, quanto mais satisfeito, melhor para o trabalho, nas seguintes acontece o contrário.				
3.	RECONHECIMENTO Sentir– se reconhecido e importante para a empresa, colegas, chefia e cliente.	3 a 9	Equipe satisfeita. (Motivada pelo emprego e não pelo trabalho e carreira)	Promova: *Feedback*; Premiação com base em resultados. Promoção por mérito.
		10 a 15	Equipe Insatisfeita (Motivada pelo trabalho e carreira)	Continue alimentando a necessidade de reconhecimento
4.	REALIZAÇÃO Sentir– se realizado e satisfeito com o seu trabalho e sua missão na empresa.	3 a 9	Equipe satisfeita (Motivada pelo emprego e não pelo trabalho e carreira)	Promova: Delegação, Autonomia, Desafios; Missão e valores compartilhados.
		10 a 15	Equipe insatisfeita. (Motivada pelo emprego e não pelo trabalho e carreira)	Continue alimentando a necessidade de realização.

Dicas sobre Motivação para Líderes:
1. Ninguém motiva ninguém. Motivos vêm de necessidades insatisfeitas. Este é um processo interno ao indivíduo e não externo.
2. O papel do líder é descobrir quais necessidades saciar e estimular para o sucesso de cada colaborador.
3. A motivação individual e da equipe é dinâmica e requer constante atenção e empatia de um líder.
4. Desmotivação não significa necessidade satisfeita e sim responder negativamente à frustração, desistindo do objetivo.
5. Uma das maiores fontes de frustração e desmotivação no trabalho é o comportamento do próprio chefe.
6. Um líder motivado motiva muita gente. Mas o desmotivado desmotiva muito mais.

7. Estimule o próximo como ele precisa e não como você gostaria. Pergunte-se: "Qual o estímulo que esta pessoa precisa neste momento?".
8. O colaborador pode ser uma fonte de consulta sobre como estimulá-lo, mas nem sempre confiável, especialmente quando inseguro e frustrado.
9. Alguns colaboradores mais complexos e instáveis requerem constante mudança de estímulos.
10. Quando a percepção dos problemas motivacionais da equipe fica difícil, peça ajuda de terceiros e consulte especialistas da área.

⇨ **Exercício 1: Resposta Recomendada: d** – Por que Leila ainda não chegou aos seus objetivos com a equipe?

Ainda que os objetivos tivesse sido superdimensionados, Leila sempre se posicionou como gestora e não como líder. Ela estava lá para cobrar e não para desenvolver.

⇨ **Exercício 2: Resposta Recomendada: b**, que explica os outros erros.

O foco do gestor é entender o que está faltando para motivar as pessoas. Ele faz diagnósticos de motivação, cria estratégias de ação, monitora resultados e redireciona a ação quando necessário. Sua tendência é desenvolver políticas para melhorar o desempenho geral dos colaboradores.

O foco do líder está em entender como indivíduos e equipes funcionam e estimulá-las a superar suas próprias limitações. Seu foco é descobrir o que pode levar seus liderados a saírem da zona de conforto e buscar um alto desempenho.

Tanto o gestor quanto o líder vão ter sucesso na sua missão se entenderem que a motivação humana é movida por necessidades insatisfeitas.

Dependendo da necessidade insatisfeita da equipe ou indivíduo, seu desempenho profissional será prejudicado ou estimulado.

Bibliografia:
BERGAMINI, Cecília Whitaker. *Motivação nas Organizações*. Editora Atlas.

7 Líder
que Estimula o Outro ou a Si Mesmo?

Capítulo 7 – Líder que Estimula o Outro ou a Si Mesmo?

Como lidar com os diferentes estilos motivacionais na sua equipe.

Leila Antunes havia sentido pela primeira vez o gosto amargo do fracasso. Depois de ver suas ações motivacionais irem por água abaixo, ela aceitou, a contragosto, uma sessão de aconselhamento com a consultora Elvira Von Blasfem.

Logo no início da reunião, Leila deixou claro sua descrença.

– Eu não aguento mais vocês do RH! – disse ela – Toda vez que caio nesta armadilha de 'motivação' eu me estrepo!

Elvira não se abalou com a afirmação. Ela preferiu conhecer melhor a carreira, os pensamentos e sentimentos de Leila em relação ao seu problema. E após ouvi-la atentamente, questionou:

– E quais as verdadeiras motivações dos seus principais colaboradores?

– Sei lá. – respondeu Leila parecendo frustrada. – Talvez estejam motivados mesmo é para me derrubar.

Elvira sorriu e disse:

– Leila, até agora você pensou como gestora. Agora, eu sugiro que você aja como uma líder.

– Quer dizer que se eu não obtive resultado com as pessoas é porque falhei como líder? – questionou Leila.

Elvira, percebendo a atitude defensiva de Leila, perguntou:

– Se a capacidade de liderança é medida pelos resultados obtidos através da equipe, que nota você daria a si mesma nesta empresa?

Leila parou, pensou e parecia não ter coragem de dizer a nota. Diante do seu silêncio, Elvira continuou.

– Se você quiser influenciar, precisa saber entender as necessidades de cada subordinado direto. Marque uma reunião com cada um para descobrir.

– Mas eu não tenho tempo, doutora. Preciso entregar resultado para ontem!

– Se você não obteve resultado falando com todos ao mesmo tempo, está na hora de uma abordagem individual.

– Deus me livre, Elvira. Esse pessoal adora reclamar, mesmo quando eu não dou atenção. Imagine se eu der corda!

– Ouça mais e fale menos, Leila. Aceite as colocações deles e anote o que ouvir, observar e sentir na entrevista. Depois vamos analisar os resultados.

Após alguns instantes de reflexão, Leila topou o desafio, mas com uma condição:

– Elvira, eu quero que você converse com eles também para cruzar as nossas impressões.

– Perfeito – respondeu Elvira.

Uma semana depois, Leila recebeu Elvira em seu escritório. Seu estado emocional parecia o mesmo.

– Conversei com todos e só ouvi reclamação, Elvira.

– Vamos comparar nossas percepções?

Leila pegou suas anotações e comentou:

– A Luísa do RH não entende que a razão da empresa é gerar lucro – concluiu Leila desanimada – Com aquela mania de querer todo mundo feliz e motivado, ela gera mais problemas do que soluções.

– Mas o fato de ela gostar de cooperar para o desenvolvimento de pessoas e equipes tem tudo a ver com o seu cargo, não é verdade?

– Mas uma pessoa que pensa primeiro nas pessoas do que na empresa não serve pra mim.

– Mas se ela é tão colaboradora com todos, por que não seria com você?

Leila parou para pensar a respeito.

– Acho que ela não bate com meu jeito. Eu não peço. Eu mando.

– Que tal você pedir com jeito, mostrando a importância da colaboração dela nos seus planos?

Leila, parecendo ainda mais contrariada, pegou as anotações da entrevista com Manoel da área operacional.

– O Manuel é daqueles engenheiros tapados que só compreende números. Zero flexibilidade!

– E você consegue entrar em sintonia com ele através da linguagem numérica?

Leila jogou as folhas na mesa e respondeu:

– Decida-se Elvira. Uma hora você quer que eu seja toda política. Outra hora, eu preciso ser analítica. Assim não dá!

– Dá sim, desde que você seja flexível.

Leila sentou-se e respirou fundo antes de continuar. Pegou em seguida a próxima anotação.

– O Robson, do comercial, detesta receber ordens, adora diálogo e quer negociar cada mudança com os clientes e equipe.

– É verdade. Ele precisa de diálogo.

– Mas a gente não tem esse tempo todo! – observou irritada a executiva.

– Leila, será que o problema é tempo ou paciência?

– Estou com falta dos dois. Veja este daqui – disse Leila apontando para a quarta anotação – O Flávio do administrativo é o "melhorzinho".

– Melhor por quê? – perguntou Elvira.

– Ele gosta de assumir desafio, bater meta e quer crescer. O problema é que bate de frente com todo mundo.

– E dos quatro ele tem o estilo motivacional mais parecido com o seu, certo?

– Sim. – respondeu Leila com certa satisfação – Mas do que adianta saber tudo isso?

Exercício 1:

No lugar de Leila, que precisa melhorar rapidamente resultados com uma equipe heterogênea, o que você faria?
   a. Forçaria todos os executivos a se comportarem da mesma maneira;
   b. Estimularia cada colaborador dentro do seu próprio estilo motivacional;
   c. Substituiria a equipe atual por outra de estilo parecido com o seu;
   d. Não tentaria nada, pois já não há mais o que fazer.

Exercício 2:

Dentre as várias tipologias de comportamentos no ambiente de trabalho, uma das mais interessantes foi elaborada pela dupla americana Katcher e Atchkins. Trata-se do LIFO (Life Orientation) que descreve quatro estilos básicos de orientação comportamental na sua vida profissional.

Preste atenção na descrição destes estilos abaixo.

Em seguida, avalie a intensidade de cada um deles no seu comportamento, ordenando- os de 1 a 4 no gabarito.

Em seguida, faça o mesmo com dois de seus colaboradores, de preferência, com perfis diferentes um do outro.

Estilo	Fator de estímulo	Fator de desestímulo
Participação	– Seguir a orientação de grupo;	– Não ter orientação da chefia e entrosamento na equipe;
	– Consultar e ser consultada;	– Não ter sua participação e colaboração valorizadas;
	– Usar talentos pessoais para desenvolvimento da organização e pessoas;	– Sentir-se subaproveitado ou excluído no desenvolvimento da organização e pessoas.
Ação	– Comprovar sua competência;	– Falta de desafio no trabalho.
	– Conquistar autonomia;	– Trabalhar com chefia burocrática e centralizadora.
	– Desenvolver várias atividades.	– Ter rotina de trabalho rígida.
	– Ser tratado de igual pra igual.	– Trabalhar dentro de hierarquia rígida.
Conciliação	– Manter convivência social harmônica;	– Trabalhar em um ambiente conflituoso;
	– Trabalhar em ambiente flexível, onde haja concessões.	– Não conseguir negociar soluções ou obter concessões dentro da empresa.
	– Obter reconhecimento pelo grupo e repercussão positiva de suas ações.	– Jamais obter retorno do seu trabalho como elogios e premiações.
Manutenção	– Usar lógica e organização;	– Trabalhar sem critérios, plano ou organização;
	– Planejar atividades com tempo suficiente para produzir com excelência;	– Não ter tempo e condições para realizar as atividades dentro de parâmetros de qualidade.
	– Buscar fontes confiáveis e padrões corretos de procedimento;	– Trabalhar sem parâmetros e padrões.

Estilo	Você	Colaborador 1	Colaborador 2
Participação			
Ação			
Conciliação			
Manutenção			

Resultados:
Seu estilo motivacional predominante é _____.
O estilo motivacional predominante do colaborador B é _____ e do colaborador C é _____.

Observações:
Caso você tenha achado difícil fazer a sua autoavaliação com a ordenação de estilos motivacionais no seu comportamento, peça a opinião de duas ou três pessoas que trabalhem com você.

No caso da avaliação dos subordinados, peça a avaliação deles e compare o resultado.

Mesmo que a pessoa apresente uma mistura dos quatro estilos, um deles sempre se destaca nos momentos de estresse, quando ela se comporta de maneira mais instintiva.

Exercício 3:

Equipes com indivíduos de vários estilos motivacionais diferentes, como no caso de Leila, demandam que a mesma mensagem seja traduzida para cada um a fim de tornar-se um estímulo positivo.

Suponha que Leila precise transmitir a seguinte mensagem:

– Precisamos integrar sistemas e procedimentos da empresa para viabilizar a nossa operação.

Coincidentemente, Leila tem quatro colaboradores e cada um representa estilo motivacional distinto:

1. Luísa do RH – Estilo Cooperação.
2. Manoel do Operacional – Estilo Manutenção.
3. Robson do Comercial – Estilo Conciliação.
4. Flávio do Administrativo – Estilo Ação.

Abaixo temos frases que traduzem a mensagem de Leila para cada um dos estilos motivacionais. Relacione as frases ao estilo motivacional a que se destina.

a. Por favor, faça um relatório detalhado dos problemas da unificação de processos para elaborarmos um plano de ação.	
b. Preciso da sua ajuda para comprometer o pessoal com a unificação das operações. O emprego de todos depende do sucesso deste projeto. Posso contar com você?	
c. Eu vou delegar para você o projeto de unificação de processos no departamento. Você tem autonomia para tocar o projeto. Preciso de um relatório até o final de semana.	
d. Você sabe que precisamos unificar os processos o mais rápido possível. Gostaria de ouvir sua sugestão sobre como agilizar isso aqui no departamento.	

Dicas para Lidar com os Estilos Motivacionais da Sua Equipe:
1. Em caso de dúvida sobre como estimular determinado indivíduo, pesquise o que ele precisa para sentir-se mais motivado.
2. Identifique em que circunstâncias aquele indivíduo sentiu-se estimulado a ter um bom desempenho.
3. Se você sabe qual a necessidade a ser estimulada, mas não sabe como fazê-lo, peça conselho para líderes mais experientes.
4. Se você sente desconforto em lidar com determinado estilo motivacional, identifique qual crença ou vivência gerou este bloqueio.
5. Indivíduo ação pode ser taxado de agressivo e pouco confiável, mas ele é fundamental para impulsionar o grupo além da sua área de conforto;
6. Indivíduo participação pode parecer carente e indeciso, mas pode tornar-se um ponto de equilíbrio nos grupos que atua;
7. Indivíduos conciliação, vistos como vaidosos e egoístas, podem contribuir na melhoria de um projeto e equipe, desde que ouvidos;
8. Indivíduos manutenção, tidos como inflexíveis e burocráticos, ajudam na melhoria da qualidade de produtos, serviços e projetos.

9. Aprenda a valorizar a diversidade de estilos motivacionais na sua equipe, pois isso trará a força da complementaridade de visão e talentos.

⇨ **Exercício 1: Resposta recomendada: b.**
Na alternativa **a**, é o que Leila tem tentado sem sucesso. Alternativa **c** levaria tempo e teria resultados incertos. A **d** significa desistir de liderar.

Portanto, sugerimos para Leila e qualquer líder que aprenda como interagir com os estilos diferentes de orientação de vida no ambiente profissional.

Exercício 3: Respostas:
a – 2 manutenção
b – 1 cooperação
c – 4 ação
d – 3 conciliação.

Bibliografia:
BERGAMINI, Cecília Whitaker. *Motivação nas Organizações.* Editora Atlas.

8 Líder
que Forma ou Afunda Uma Equipe?

Capítulo 8 – Líder que Forma ou Afunda Uma Equipe?

Quais as etapas de formação de trabalho em equipe.

Leila estava prestes a começar a reunião com seus gestores quando conseguiu ligar para Elvira.

Ela mal ouviu a voz da psicóloga e já começou a falar.

– Doutora – disse ela – A Tupiniquim parece um hospício. Quando você acha que resolveu um problema, vem outro pior ainda.

– O que aconteceu, Leila?

– Eu consegui me entender com os gestores. Achei o tom certo para pedir as coisas e eles agora estão bem mais produtivos.

– Que bom, Leila. Então qual o problema?

– Quando resistiam às mudanças, eles não brigavam. Mas agora, que estão mais comprometidos em gerar resultado, eles não se entendem.

– Como assim, Leila?

– Eles passam por cima um do outro e bloqueiam o fluxo de informações entre departamentos. Não há diálogo entre eles.

– Mas você já conversou com eles a respeito?

– Todos os dias. Mas eles são muito diferentes e não aceitam o jeito do outro trabalhar.

– Então você vai ter que integrá-los num trabalho em equipe.

– É o que eu vou tentar daqui a pouco na reunião. Mas eu já estou prevendo que eles, frente a frente, não vão abrir o conflito. O que eu faço?

– Lembre a eles a importância do trabalho em equipe. Coloque um objetivo importante a todos e ajude- os a entender e confiar uns nos outros.

– Eu vou tentar, doutora. Se eu não tiver um ataque cardíaco antes...

Meia hora depois, Leila começava a reunião com seus quatro gestores. Logo de início ela saudou cada um, elogiou as mudanças e os resultados melhores de todos. Em seguida, disse:

— Pessoal, hoje eu quero que vocês falem sobre os problemas que têm tido na comunicação entre os departamentos.

Ninguém se manifestou. Nem sequer trocavam olhares.

— Vocês ouviram o que eu falei? Luísa, por favor, você que é do RH, descreva os problemas da sua área com as demais.

— Eu? Problemas? Não, chefe. – disse Luísa pigarreando.

— Como não? – questionou Leila – Você vive reclamando que os gestores não retornam suas solicitações e nunca devolvem relatórios no prazo.

— De vez em quando tem um problema ou outro, mas não é tão grave. – continuou Luísa pigarreando ainda mais.

— Bom, então fale o que você espera deles.

— Ah, isso eu já conversei com todos eles, não foi? – disse Luísa apontando os colegas, sem encará-los.

Leila começou a se irritar e resolveu questionar os demais:

— E vocês, não têm nada para solicitar à Luísa?

Novo momento de silêncio constrangedor. Leila tentou conter sua irritação, dirigindo-se a Robson.

— Se vocês não querem falar do Rh, eu passo a palavra ao Robson, que anda nervoso pela falta de retorno dos outros setores para o comercial.

Robson, aparentando desânimo, respondeu:

— Leila, continua tudo como antes, apesar de eu ter feito várias reuniões com os colegas.

— Então eu quero que você revise os problemas.

— De novo chefe? Eu falo com eles várias vezes ao dia, mas ninguém toma providências...

Leila olhou firme para o grupo.

— Então agora, vocês vão falar! Comece você Manuel. O que vocês do operacional estão devendo para o comercial?

— Não estamos devendo nada, Leila – respondeu Manuel abrindo um relatório na mesa. – Fizemos um levantamento minucioso da situação e as propostas de ajuste estão aqui.

Leila cruzou os braços olhando fixamente para Robson e Manuel, para que se manifestassem a respeito. Mas nenhum dos dois falou mais nada.

Leila sentia-se tão irritada que preferiu ficar quieta até que alguém se manifestasse. Mas, para sua surpresa, todos desviavam a atenção de seu olhar, como se não fosse com eles o problema.

Depois de aproximadamente dois longos minutos, Leila quebrou o silêncio.

— Vocês vivem criticando um ao outro pela falta de encaminhamento de providências. Mas na hora em que estão frente a frente, ficam quietos...

Foi então que o Flávio do administrativo pediu a palavra.

– Se ninguém tiver nada pra falar comigo, eu peço licença porque tenho problema sério no departamento para resolver.
– Espere aí, Flávio. – disse Leila – Ninguém vai sair sem esclarecermos os problemas e o papel de cada um na solução.
– Mas o que você quer que eu fale Leila? – perguntou Flávio.
– Das suas pendências com os outros departamentos.
– Mas Leila, todo mundo já...
– Chega!!! – berrou Leila – Ou vocês falam agora ou se calam para sempre. O que eu preciso fazer para que vocês comecem a trabalhar como uma equipe?

Exercício 1:

Se você tivesse de dar um conselho para Leila, qual você escolheria?
a. Leila, promova um treinamento de trabalho em equipe para você e os gestores.
b. Peça ajuda de um consultor externo para mediar conflitos.
c. Promova reuniões informais entre gerentes para melhorar o relacionamento.
d. Faça acompanhamento em duplas para solução dos problemas.
e. Todas as anteriores.

Exercício 2:

A ação do líder na formação e fortalecimento do trabalho em equipe precisa ser adequada ao momento do grupo.

Leia o quadro descritivo, abaixo, das **etapas de formação do trabalho em equipe** e assinale qual dos estágios melhor descreve seu grupo.

Etapa	Descrição
Formação ( )	- Colaboradores nunca trabalharam juntos. - Colaboradores estão inseguros sobre o sucesso da equipe. - Relacionamento do grupo é superficial e cortês. - Grupo pouco familiarizado com a missão e estratégia. - Ansiedade é o estado emocional predominante. - Produtividade é baixa.
Confusão ( )	- Maus resultados geram frustração e desconforto. - Colaboradores disputam poder. - Formação das "panelinhas". - Colaboradores discordam sobre o rumo da equipe. - Produtividade piora.
Normatização ( )	- Colaboradores integrados. - Cooperação predomina. - Equipe estabelece normas para seu bom funcionamento. - Relacionamento é valorizado; - Equipe cria identidade e dinâmica própria - Sentimento de pertencimento a um grupo. - A produtividade aumenta.
Desempenho ( )	- Grande qualidade e produtividade. - Predomínio de confiança mútua. - Consenso e comprometimento. - Compartilhamento contínuo de ideias e informações. - Equipe tem regras claras e funcionais. - Equipe demonstra orgulho pelas suas realizações. - Grande capacidade de adaptação às mudanças e inovação.

Uma vez identificada a etapa em que se encontra a sua equipe, resta saber qual a melhor atitude a tomar por parte do líder.

Exercício 3:

Relacione as ações mais adequadas do líder em cada etapa da formação do trabalho em equipe.

a. Formação
b. Confusão
c. Normatização
d. Desempenho.

Estimular a integração e propor à equipe metas desafiadoras.	
Apresentar missão e integrar colaboradores.	
Monitorar, delegar e comemorar os resultados da equipe.	
Ajudar o grupo a superar as diferenças para atingir resultados.	

Dicas para a Formação e Manutenção do Trabalho em Equipe:
1. O papel do líder deve variar durante o amadurecimento de uma equipe.
2. Inicialmente o líder deve estabelecer uma missão clara, convencer o grupo de sua importância e integrar as pessoas.
3. Nesta fase, o líder deve investir tempo suficiente na comunicação, treinamento e fortalecimento da confiança dentro da equipe.
4. Em momentos de crise, frustração e rivalidade, o líder precisa reforçar a missão, reformular objetivos e conciliar conflitos na equipe.
5. Quando a equipe se integra e começa a obter resultados, cabe ao líder celebrar as conquistas e estabelecer metas desafiadoras.
6. Quando a equipe atinge alto desempenho, cabe o líder tornar-se *coach*, promovendo a melhoria contínua de desempenho e novos desafios.

⇨ **Exercício 1: Resposta recomendada: a** – Treinamento de trabalho em equipe é o primeiro passo para integrar e alinhar os gestores. As demais alternativas servem de apoio na solução de problemas e preparação para o trabalho em equipe. Mas sem um esforço contínuo para transformar o grupo que compete entre si em uma equipe, Leila chegará a resultados medíocres.

⇨ **Exercício 3: Respostas** : 1 – C   2 – A   3 – D   4 – B

Bibliografia:
BOYETT, Joseph; BOYETT, Jimmie. *O Guia dos Gurus.* Ed. Campus.

Parte III

– Líderes que Desenvolvem Equipes e Organizações

9 Líder
Empreendedor ou Castrador?

Capítulo 9 – Líder Empreendedor ou Castrador?

Como desenvolver o perfil de empreendedor corporativo.
 Luís Veiga acreditava que melhorando a comunicação na sua empresa os resultados surgiriam imediatamente. Mas não foi o caso.
 Preocupadíssimo, ele convocou Elvira para uma avaliação:
 – Antigamente, as pessoas discordavam em tudo – disse ele – Agora, elas concordam em uma coisa: a empresa não tem jeito!
 – Luís, talvez seja a hora de questionar se a velha fórmula do sucesso precisa ser reciclada ou substituída. – ponderou Elvira.
 – Isso nunca! A gente tem de manter a fórmula até debaixo d'água.
 – Que tal analisarmos a situação? – questionou Elvira percebendo a contrariedade de Luís – Quais as principais ameaças que se apresentam?
 Luís parecia incomodado só de pensar no assunto. Depois de pequena reflexão, ele respondeu:
 – A principal ameaça é a concorrência das grandes redes com uma baita grana pra investir em marketing, promoções e pontos de venda.
 – E que oportunidades o senhor vê?
 – Estas grandes empresas investem pouco em atendimento. O cliente é tratado como número. Quem atende bem já sai na frente.
 – E os pontos fracos da sua empresa?
 – Nosso fraco é que nos tornamos pequenos demais para competir com os grandes, mas grandes demais pra competir com os pequenos – disse ele bastante irritado.
 – E os fortes?
 – Sei lá. Antigamente eram os preços baixos. Mas agora não dá mais pra acompanhar a concorrência.
 – Mas se o preço não é mais o seu forte, qual o seu diferencial? Seria o atendimento diferenciado?

– Deveria ser doutora. A gente planeja, faz treinamentos, mas o atendimento continua o mesmo.
– Ora, então onde está o problema Luís?
– Sei lá. Dá vontade de demitir todo mundo, fechar esta porcaria e parar de fazer o papel de próprio otário!
– Seu Luís, o senhor tem uma bela história de empreendedorismo. Mas será que o senhor está disposto a se comportar como um empreendedor?

Exercício 1:

Diante da situação apresentada no diálogo acima, quais características empreendedoras seriam necessárias para reverter à situação da empresa de Luís?

a. Estabelecer missão, visão, valores e compartilhá-las com todos os colaboradores, liderando através do exemplo.
b. Descobrir que tipo de cliente seria mais rentável, qual o diferencial para atraí-lo e quanto ele está disposto a pagar.
c. Estabelecer um nicho de mercado, estratégia de marketing e estrutura organizacional enxuta e lucrativa;
d. Associar-se a outras empresas para ter força nas negociações para manter o seu preço competitivo.
e. Todas as anteriores.

Exercício 2:

Quanto de empreendedor você tem em seu perfil profissional?
Faça sua autoanálise a partir do questionário abaixo:

Perfil do Empreendedor Organizacional

Competência de Empreendedor	Nunca	Às Vezes	Frequentemente
1. Assumir riscos: Sou capaz de assumir riscos calculados de um novo empreendimento ou projeto.			

2. Identificar oportunidades: Fico atento às oportunidades de mercado para a realização de um bom negócio.			
3. Conhecimento: Busco conhecer o meu ramo acumulando experiências práticas, publicações, cursos e "dicas" de empreendedores.			
4. Senso de organização: Sou capaz de utilizar recursos humanos, materiais, financeiros e tecnológicos de forma racional.			
5. Necessidade de independência: Tenho necessidade de determinar meus próprios passos, abrir meus próprios caminhos e ser meu próprio patrão.			
6. Tomar decisões: Eu sei basear decisões em informações, análises e avaliação de alternativas.			
7. Liderança: Sei definir objetivos, orientar tarefas, estimular pessoas e facilitar relacionamento na equipe de trabalho.			
8. Dinamismo: Nunca me acomodo com o sucesso, mantenho-me dinâmico e inconformado diante da rotina.			
9. Otimismo: Procuro enxergar o sucesso, em vez de imaginar o fracasso, enfrentando obstáculos, olhando além das dificuldades.			
10. Planejamento e plano de negócio: Consigo montar um plano de negócios e apresenta-lo para investidores, bancos e clientes.			

Análise dos Resultados:

Preste atenção nos itens acima cujas respostas foram nunca e leia as dicas abaixo para melhorar seu desempenho como empreendedor e estimular este comportamento nos seus liderados.

Competência de Empreendedor	Dicas de desenvolvimento em você e na sua equipe
1. Assumir riscos:	– Teste suas ideias – analise riscos, oportunidades e aspectos operacionais de transformá-las em negócio ou projeto. – Este processo contínuo vai ajudar você e a equipe a ter segurança de apresentar projetos a diretores, investidores e clientes.
2. Identificar oportunidades:	– Pesquise seus clientes; – Observe as novidades e boas práticas da concorrência ; – Identifique empresas inovadoras que influenciam seu mercado; – Crie cenários futuros, buscando se antecipar às tendências; – Pergunte– se o que pode oferecer de melhor, mais barato ou diferente que o cliente esteja disposto a pagar.
3. Conhecimento:	– Cultive a sua curiosidade e da equipe sobre tudo que influencie no seu negócio. – Estimule a coleta e compartilhamento de informações para formar cenários e identificar oportunidades.
4. Senso de organização:	– Alinhe sua meta e da equipe às da empresa. – Busque aprimorar sua empresa ou departamento, produzindo mais e melhor com menos.
5. Necessidade de independência:	– A lucratividade deve ser uma preocupação de todos. – Cada pessoa precisa sentir-se dona do negócio, administrando a sua parte, colaborando com o todo e sendo premiada por isso.
6. Tomar decisões:	– Tenha sempre os números da empresa e do seu setor atualizados. Qualidade e rapidez nas informações melhoram seu gerenciamento.
7. Liderança:	– Busque o convívio de pessoas empreendedoras. Aprenda como elas pensam e agem. Quanto mais você espelhá-las, mais vai inspirar o empreendedorismo dos colaboradores.
8. Dinamismo:	– Estimule a troca de funções e revisão de rotinas para evitar a acomodação na equipe.
9. Otimismo:	– Ajude a equipe a ver oportunidades nas crises e manter a visão do todo.
10. Planejamento e plano de negócio:	– Pense seu negócio, área ou projeto como um todo: marketing, finanças, vendas, RH. Quanto melhor seu plano de negócios, mais chances de seu negócio, ideia e projeto dar certo.

⇨ **Exercício 1: Resposta recomendada: e.**
Todas as alternativas apresentam características importantes para um empreendedor dar uma virada na sua empresa.

Antigamente, empreendedorismo era assunto de quem queria abrir e manter um negócio.

Mas hoje, o empreendedorismo está sendo estimulado em todas as áreas da empresa, o que requer líderes que estimulem este comportamento.

Bibliografia:
DORNELAS, José Carlos Assis. *Empreendedorismo Corporativo*. Ed. Campus, 2008.
GERBER, Michael E. *Empreender* – Fazendo a Diferença, 2004.

10 Líder
Servidor do Liderado ou Que Se Serve Dele?

Capítulo 10 – Líder Servidor do Liderado ou que se Serve Dele?

Qual o diferencial de um líder servidor.

Otávio Menezes sentia-se melancólico naquela tarde de quinta-feira, poucos minutos antes da sua primeira sessão de *coach*ing com Rosana Silveira. Ele pensou em adiar aquela sessão, mas não teve tempo.

A *coach* Rosana chegou antes do combinado. Tão logo ela entrou, Otávio serviu-lhe um café e a convidou para apreciar a vista privilegiada de seu escritório do trigésimo andar, com vista para o rio.

Rosana parou um instante para apreciar a vista e disse:

– É deslumbrante Otávio. Esta vista deve ser inspiradora.

– Menos do que eu imaginava, Rosana. Estar aqui parecia mais interessante antes do que agora.

– Eu entendo Otávio. É comum as pessoas se decepcionarem assim que atingem seus objetivos.

– E o que elas podem fazer quando isso acontece?

– Redefinir seus planos. É por isso que você me chamou, não é?

– Sei lá. Espero que você seja muito boa neste trabalho, porque estou bem desmotivado.

Em seguida os dois sentarem-se nas poltronas ao lado da linda mesa de Otávio e começaram a sessão.

– E qual é o seu sonho este momento Otávio? – perguntou Rosana.

– Há alguns anos atrás ele seria ter promoções, melhores salários, privilégios e poder. Mas hoje eu não sei direito.

– E quando você sentiu que seu sonho começou a mudar?

– Quando eu recebi a notícia da promoção para a superintendência da América Latina.

– A promoção não o deixou feliz, Otávio?

– Pelo contrário. Foi um dos momentos de maior realização da minha vida. Assim que eu soube fui correndo contar para minha esposa.

Otávio sentiu a voz embargar. Ele quase não conseguia conter a emoção.

– Ao chegar a casa – disse ele – ouvi minha esposa conversando com uma amiga sobre como era infeliz ao lado de um homem que só pensava em trabalho.

– E você conversou com sua mulher a respeito, Otávio?

– Não tive coragem. Voltei ao escritório para me acalmar. E aí flagrei um dos meus subordinados, o Sérgio, comemorando a minha promoção.

– Ele estava feliz por você?

– Não. Ele estava era comemorando o fato de se ver livre de mim.

– E como você se sentiu em relação a tudo isso? – Perguntou Rosana.

– Péssimo! E no dia seguinte, eu soube que minha promoção ainda dependia da última etapa de seleção entre eu e Alejandro Gutierrez.

– E como você encarou esta nova dificuldade, Otávio?

– Eu fiquei arrasado, ainda mais depois de saber que o Alejandro era tido como favorito por causa dos seus excelentes resultados.

– E agora, Otávio, diante de tudo isso, qual o seu sonho?

– Desenvolver a minha capacidade de gerenciar pessoas.

– Gerenciar pessoas ou liderar pessoas, Otávio?

– Tanto faz. Eu preciso ter resultados através delas.

– Gerenciamento está mais relacionado ao que fazemos e liderança com o que somos. Você quer mudar suas ações ou seu caráter?

– Sei lá. Eu só sei que sempre me impus pelo medo. E isso não vai me levar longe a partir de agora.

– E qual a sua missão como líder, Otávio?

Otávio pensou um pouco antes de responder.

– Fazer com que as pessoas e a organização cheguem ao sucesso – respondeu ele.

– E como você pretende cumprir esta missão?

– Eu sempre fiz pressão. Mas agora, sei lá.

– Você já tentou exercer mais autoridade sobre o seus liderados?

Otávio se surpreendeu com a colocação de Rosana.

– Mais autoritário do que eu sou, vão me chamar de nazista – disse ele.

– Você sabe a diferença entre ser autoritário e ter autoridade, Otávio?

– Para mim as duas são a mesma coisa.

– Ser autoritário é abusar do poder e ter autoridade é convencer as pessoas a fazerem de bom grado. Em qual das duas você se enquadra?

– De bom grado, nada sai por aqui. – ironizou Otávio.

Exercício 1:

Se você fosse Rosana, qual **não** seria sua orientação para que Otávio passasse do perfil de chefe autoritário para o de líder com autoridade?
a. Identifique os talentos e pontos de melhoria dos colaboradores e coloque-se a serviço de seu desenvolvimento;
b. Seja mais agradável, suprindo os anseios dos colaboradores para que estejam mais motivados a melhorar o desempenho;
c. Seja altamente exigente, solicitando de seus colaboradores o compromisso com a melhoria contínua;
d. Acompanhe de perto o desempenho da equipe, para orientar, treinar e delegar sempre que necessário.
e. Demonstre respeito e gentileza, mesmo quando for necessário disciplinar a equipe ou dar *feedback* negativo ao colaborador.

Exercício 2:

Baseados em características listadas por James Hunter sobre um líder que exerce autoridade, montamos o quadro descritivo do outro extremo: o líder autoritário.

Avalie se o seu perfil está mais próximo de um ou de outro.

Marque 1 se você é um líder que exerce autoridade.
Marque 2 se você alternar os dois perfis.
Marque 3 se você estiver próximo do líder autoritário.

Líder com autoridade	1	2	3	Líder Autoritário
Valoriza as pessoas				Valoriza a si mesmo
Acompanha subordinados				Controla e critica subordinados
Quer ouvir subordinado				Quer ser ouvido pelo subordinado
Participa do desenvolvimento das pessoas				Cobra resultados das pessoas
Trata as pessoas com respeito				Exige respeito das pessoas

Foca nas necessidades de melhoria dos colaboradores e não no que eles querem receber				Foca nas falhas e pontos fracos para manter o poder sobre as pessoas
Treina e aconselha os subordinados para atingir resultados				Supervisiona e critica os subordinados, forçando-as a trabalhar do jeito que você quer
Justo e coerente, lidera pelo exemplo				Arbitrário e incoerente, exige atitudes que não exemplifica
Busca sempre padrões elevados para si e equipe				É exigente com a equipe e complacente consigo mesmo
Valoriza e celebra as vitórias dos subordinados e equipes				Valoriza as próprias vitórias e coloca as da equipe em segundo plano
Dá responsabilidades para que os colaboradores se desenvolvam				Centraliza as responsabilidades e mantém os colaboradores estagnados
Equilibrado, você sabe dar *feedbacks* positivos e negativos				Exaltado e duro, dá *feedbacks* negativos em público e pouco *feedback* positivo

Dicas para Reforçar sua Autoridade como Líder:

1. **Liderar é servir o liderado na conquista da excelência:** Descobrir e desenvolver o potencial dos colaboradores é missão do líder. Não basta obter bons resultados dos colaboradores. Você precisa estimulá-los a chegar ao máximo do seu potencial, mostrando como fazê-lo e acreditando no crescimento deles.
2. **Nada melhor do que liderar pelo exemplo:** Quando você exemplifica os comportamentos e desempenhos esperados, ganha credibilidade e respeito dos liderados. Se você tem dificuldades em influenciar sua equipe, busque aumentar a coerência entre o que fala e faz.
3. **Foque seu trabalho nas reais necessidades de melhoria do liderado e não naquilo que ele *acha* que precisa:** Líder servidor não é sinônimo de protetor ou agradável. Ás vezes é necessário tirar as pessoas da zona de conforto e confrontá-las com suas deficiências. Mas sempre apontando pontos de melhoria e oferecendo apoio.
4. **Acompanhe, oriente e distribua responsabilidades de acordo com as necessidades de cada um:** Um líder servidor trabalha

para a melhoria contínua e expansão de competências, mesmo quando o colaborador já atinge o nível esperado da sua função.
5. **Celebre os bons resultados, sem esquecer-se de colocar novos desafios:** Mudar é difícil, superar limitações pode ser exaustivo e ninguém melhor do que o líder para reconhecer e celebrar o avanço do colaborador.
6. **Mantenha sempre um nível desafiador de exigência:** Um líder servidor é capaz de identificar o ponto de exigência "ótimo" para cada colaborador, onde o grau de dificuldade é desafiador o suficiente para mobilizá-lo e não difícil demais para desanimá-lo.
7. **Demonstre respeito pelas pessoas em qualquer circunstância:** Mesmo quando os colaboradores falham e precisam de *feedback* negativo, isso pode ser feito com empatia e justiça. Ouvir, ser assertivo, basear-se em fatos e evitar julgamentos é fundamental para aumentar o seu poder de ajudar alguém a superar uma deficiência.
8. **Deixe claro a missão e os princípios que devem orientar a equipe e o papel de cada um nela:** Um líder é capaz de fortalecer o espírito de comunidade. Ele faz com que os colaboradores tenham orgulho do que fazem, sintam-se importantes na construção de resultados e compartilhem princípios de convivência.
9. **Busque disciplinar a equipe em busca do seu melhor:** A arte do líder servidor é fazer "discípulos": pessoas que adotem um conjunto de regras comuns para superarem suas limitações individuais e construírem algo maior em conjunto. E isto requer treinamento, *feedback* e exemplos que cristalizem hábitos eficazes.
10. **Valorize o grupo e fortaleça as lideranças:** Estimule os colaboradores a cooperar entre si. Nesta tarefa, é fundamental identificar os líderes, desenvolvê-los e orientá-los para uma direção comum. Isso trará sinergia fundamental para o sucesso do grupo.

⇨ **Exercício 1: Resposta: B** – Quando as pessoas pensam em *humanizar* o relacionamento no ambiente de trabalho, elas querem logo dar estímulos e carícias emocionais tipo: ***você é ótimo, agradeço a sua colaboração, você pode contar comigo etc.***

Mas o conceito de líder servidor descrito por James Hunter em *O Monge e o Executivo* está muito mais próximo de uma liderança estimuladora da melhoria, que fala: ***você foi bem, mas pode melhorar; eu preciso que você colabore com o grupo; você pode contar comigo para superar esta deficiência; eu vou te acompanhar, treinar e celebrar a vitória.***

Bibliografia:
HUNTER, James C. *O Monge e o Executivo*. Ed. Sextante.
HUNTER, James C. *Como se Tornar um Líder Servidor*. Ed. Sextante.

11 Líder
Líder Disciplinado ou Indisciplinado na Execução?

Capítulo 11 – Líder Disciplinado ou Indisciplinado na Execução?

Como desenvolver disciplina na execução.

Otávio sentia-se apreensivo na sala de espera da diretoria. Em poucos instantes, ele teria uma reunião com a diretora de RH do grupo, Adenir Costa. Seria o fim do suspense sobre o processo de seleção para a vaga de superintendente da América Latina.

Otávio estava diante do seu futuro. E ele se perguntava se estaria pronto para assumir novas responsabilidades. De tão envolvido nas próprias dúvidas, ele nem percebeu a chegada de sua chefe Adenir.

A diretora, bem vestida e de gestos suaves, tocou levemente seu ombro, para tentar tirá-lo dos próprios pensamentos.

Tão logo os dois entraram na sala, Adenir foi direto ao assunto:

– Otávio, você já sabe o motivo da nossa reunião, certo?

– É sobre a vaga de superintendente da América Latina. – respondeu Otávio – Adenir, eu estive pensando e acho que não estou pronto para este posto.

– Que bom, pois nós também achamos a mesma coisa.

– Como é que é?

– Você chegou até a última fase do processo de seleção, mas o Alejandro Gutierrez, da Colômbia, foi o escolhido.

– Mas até a nossa última conversa você dava como certa a minha escolha.

– Sim. Mas isso foi antes de recebermos o diagnóstico da organização feito por uma consultoria.

– Diagnóstico? – questionou ele – E o que este diagnóstico teve a ver com a decisão de vocês?

– Segundo este estudo, o principal problema da empresa está em nós, os líderes.

– Espere aí, Adenir. Podemos não ser perfeitos, mas também não devemos levar toda a culpa.

– O estudo sugere que criamos a cultura gerencial da inércia. E precisamos urgentemente promover a disciplina da execução.

– Eu já li o livro do Ram Charam sobre o assunto. Mas eu continuo não entendendo: o que isso tem a ver com a escolha de vocês?

– O critério desta seleção foi a capacidade do executivo de fazer a estratégia traçada ser entendida, operacionalizada e compromissada com as equipes.

– Desculpe Adenir, mas eu ainda não entendi. O que na prática o Alejandro fez melhor que eu?

– Eu vou passar para você, em caráter confidencial, declarações dos subordinados do Alejandro descrevendo seu perfil de líder.

Adenir passou a Otávio uma pasta com alguns depoimentos escritos. Ele leu todos com interesse e assombro:

Alejandro é um cara simples, prático, sociável, que sabe melhorar o desempenho da equipe.

O chefe sabe traduzir as metas da matriz para que todo mundo entenda.

Com o Alejandro, todo mundo sabe o que fazer e quando fazer. E ele acompanha!

Na hora da encrenca, a gente pode contar com o Alejandro. Ele discute, analisa e pede ajuda quando precisa.

Ele não desiste até superar um problema. E persistência agora virou regra por aqui.

O cara discute as metas e as prioridades sem parar, até que você esteja pronto e convencido a atingi-la.

O pessoal que gosta de dar desculpas para não terminar o que começou não tem vez com ele!

Ele é um chefe festeiro, que gosta de elogiar e premiar as pessoas e equipes que entregam resultados.

Alejandro é humildade, assume seus erros e pede desculpas a quem quer que seja. Ele reconhece suas limitações e pede ajuda.

Otávio terminou aquela leitura ainda mais surpreso e curioso.

– Você tem os comentários dos meus subordinados? – perguntou ele.

Adenir sorriu, entregou-lhe outra pasta e disse:

– Os relatos deles estão aqui em anonimato para que você entenda como a equipe o vê.

Otávio teve um momento de hesitação.

– Otávio, você quer fazer isso depois? – perguntou Adenir.

– Não. É agora ou nunca. – respondeu ele trêmulo.

E lá foi Otávio ler os depoimentos de sua equipe:

Quando o Otávio critica, gosta de generalizar: **todo mundo** estava errado, **ninguém** cumpriu o combinado, **alguém** deveria ter feito...

Otávio fala da meta como se fosse tão fácil de atingir que só um estúpido tem coragem de apresentar alguma dúvida.

Os planejamentos dele raramente saem do papel. As reuniões são para apagar incêndios, que pipocam a toda hora.

Otávio tenta ser o executivo teflon – se pinta sujeira, nunca fica com ele: o problema é sempre da equipe, do fornecedor, do planejamento...

Ele 'toca' tantos projetos ao mesmo tempo, mas não conclui quase nenhum.

O que mais me chateia é que meu chefe abandona um projeto pela metade e nem sequer avisa pra quem está nele. Eu me sinto uma palhaça.

Otávio fechou a pasta e ficou em silêncio. Ele tentava achar palavras, mas não conseguia.

Depois de alguns instantes, ele questionou:

– E agora Adenir? O que eu faço com tudo isso?

Exercício 1:

No lugar de Adenir, o que você faria para ajudar Otávio a lidar com tantos *feedback*s negativos:

a. Daria palavras de conforto e deixaria para depois a análise dos *feedback*s.
b. Ouviria de Otávio o que ele pensa e sente sobre aqueles *feedback*s.
c. Analisaria o mais fria e profissionalmente os relatos dos subordinados.
d. Pediria para Otávio refletir sobre aquilo e apresentasse um plano de melhoria.

Exercício 2:

Você está mais próximo da disciplina na execução do Alejandro ou da indisciplina de Otávio?

Avaliação se seu perfil está:
1. Próximo do líder disciplinado na execução.
2. Intermediário entre os dois.

3. Próximo do líder indisciplinado na execução.

Líder disciplinado na execução	1	2	3	Líder indisciplinado na execução
Você sabe como conduzir as pessoas para o atingimento das metas.				Você se concentra na meta e espera que as pessoas se esforcem para atingí-las.
Você insiste no realismo, mesmo quando é desconfortável.				Você tem realismo seletivo: o que dá certo mostra, o que dá errado passa para frente.
Você estabelece metas e prioridades claras e ajuda superiores e subordinados a fazerem o mesmo.				Você é gerenciado pelos problemas – um bombeiro desesperado numa eterna operação de rescaldo...
Você conclui o que foi planejado e inspira todos a fazer o mesmo, ainda que enfrentado conflitos.				Você foge da conclusão dos projetos, deixando seus colaboradores sem *feedback*.
Você recompensa quem entrega resultados com estímulos materiais e psicológicos.				Você destaca e generaliza o *feedback* negativo.
Você desenvolve as habilidades das pessoas pela orientação.				Você costuma ser irônico e menosprezar as dificuldades e deficiências da equipe.
Você conhece a si mesmo, o que lhe traz segurança para entender suas limitações e pontos de melhoria.				Você sempre tem uma boa desculpa para justificar as suas falhas.

Análise das Respostas:

De 6 a 7 respostas 1 – Parabéns. Você tem grande disciplina na execução.

De 4 a 5 respostas 1 – Você tem uma razoável disciplina na execução e pode melhorar prestando atenção nos itens de nota 2 e 3.

De 0 a 3 respostas 1 – Você está com problemas na disciplina de execução e precisa de ajuda de treinamento e supervisão. Invista nisso e você poderá melhorar muito os seus resultados!

Observação: Caso a sua pontuação esteja alta neste exercício, mas os seus resultados práticos sejam deficientes, sugiro pedir *feedback* da chefia e parceiros sobre estes itens, a fim de ajustar sua auto avaliação.

Dicas para Aumentar a Sua Disciplina na Execução:
1. **Conheça melhor tanto as pessoas quanto a empresa:** Isso vai ajudar você a orientar e convencer as pessoas a atingir metas. Pessoas diferentes precisam de estímulos distintos para atingir metas semelhantes.
2. **Aprenda e treine sua equipe em métodos de análise de gestão de processo:** Quanto melhor treinada a analisar processos, sistemas e projetos, mais fácil e realista será a avaliação dos resultados.
3. **Elimine as próprias justificativas no ambiente de trabalho:** Substitua o comportamento defensivo pelo proativo, buscando identificar problemas e soluções para o gerenciamento dos problemas.
4. **Esclareça e comprometa os subordinados com suas metas:** Uma meta só é válida se compreendida e compromissada. Invista tempo neste processo e reavalie a meta se necessário para manter o compromisso no seu atingimento.
5. **Aceite que o conflito faz parte do processo de criação, evolução e superação de desafios:** Ausência de conflito na execução pode sinalizar que os envolvidos estão na sua zona de conforto ou que o projeto não vai sair do papel. Conflitos, se bem administrados, elevam o patamar de desempenho. Portanto, dê atenção a eles, não os subestime e treine as pessoas a superá-los.
6. **Aprenda a recompensar os colaboradores:** Pessoas são estimuladas com prêmios em dinheiro, reconhecimento público, autonomia e delegação. Entenda o melhor estímulo para cada pessoa e situação. Tenha sempre critérios claros ao premiar e busque ser coerente.
7. **Identifique as habilidades a serem desenvolvidas nos subordinados e equipes para um projeto:** Esta preparação será preciosa na obtenção de resultados. E não espere o RH levantar estas necessidades. Busque antecipar-se a ele.
8. **Se você quer que as pessoas reconheçam seus pontos de melhoria, dê o exemplo:** A cultura da transparência e *feedback* começa com gestores abertos a crítica. Quanto mais você ouve críticas, mais autoridade você tem ao fazê-las.

⇨ **Exercício 1: Resposta indicada: b** – Ao descobrir o que pensa e sente Otávio sobre as críticas, Adenir poderá dar a orientação mais adequada.

Bibliografia:
CHARAN, Ram; BOSSIDY, Lary. *Execução – A Disciplina para Atingir Resultados.* Ed. Campus.

12 Líder
Inovador ou Embromador?

Capítulo 12 – Líder Inovador ou Embromador?

Como estimular a inovação na empresa.

Torquato Júnior levou um susto ao entrar na sala de reuniões da empresa. Estavam lá todos os vendedores. E no horário. Isso nunca havia acontecido nos cinquenta anos da empresa. E mais esquisito: estavam todos interessados no que ele tinha para falar.

Júnior mal deu bom dia e começou a ser bombardeado de perguntas pela equipe:

– O que vocês planejam para lidar com a queda de venda? – perguntou um.

– É verdade que os fornecedores vão se unir para vender direto ao consumidor? – questionou outro.

– É verdade que eles estão tramando uma reviravolta de mercado? – indagou o terceiro.

– Foi isso que eu vim discutir com vocês – respondeu Júnior – como criar novas formas de gerar valor para o cliente.

Ernesto, um dos veteranos da equipe, reagiu mal humorado:

– Nós viemos de tão longe para descobrir que vocês não têm solução para o problema?

– Ernesto, nós precisamos de colaboração de vocês com ideias.

– O problema são os fornecedores – respondeu Ernesto – que não têm um pingo de flexibilidade para atender os clientes.

Humberto, outro veterano vendedor, completou:

– Os clientes querem pechinchar porque não conseguem solução sob medida.

Júnior, animado com o interesse da equipe, desafiou:

– Então, nós precisamos descobrir como atender os clientes sob medida.

– Isso é impossível. – afirmou Humberto – Não há espaço para flexibilidade nos fabricantes.

Laura, uma das vendedoras mais jovens do grupo disparou:

– Eu ouvi que os fabricantes estão para se fundir para cortar custos. E é muito provável que eles cortem a rede de revendedores.

Júnior, percebendo a apreensão dos vendedores, resolveu aproveitá-la:

– Pode ser. Por isso que precisamos inovar nos produtos e serviços.

– Como se fosse fácil! – reagiu Ernesto.

– Vamos levantar as nossas melhores ideias? – perguntou Júnior ao lado do *flip chart* – Vamos fazer uma sessão de 'toró de palpite', pessoal?

Ao final de vinte minutos de levantamento e seleção de ideias, Júnior concluiu:

– Então, segundo o grupo, precisamos pesquisar novos fornecedores, concorrentes e clientes para agregar valor a preço competitivo.

Júnior, ao perceber todos satisfeitos com aquelas conclusões, finalizou:

– Então vamos nos reunir dentro de um mês com o resultado desta pesquisa.

Em seguida, todos aplaudiram o trabalho.

Júnior emocionou-se com aquela manifestação de união do grupo.

Quatro semanas depois Júnior estava novamente à frente do grupo de vendedores. Mas desta vez, ele percebeu que metade dos vendedores não havia comparecido.

Humberto, aparentando cansaço, começou seu relato:

– O mercado está parado. Alguns clientes pensam em vender suas empresas.

Ernesto, em tom de voz desanimado, continuou:

– E a concorrência também está perdida. Todo mundo está esperando os fabricantes definirem sua estratégia.

Laura, ao contrário, parecia entusiasmada com sua pesquisa:

– Pessoal, eu descobri uma empresa no Nordeste que está pesquisando novas tecnologias no setor.

Laura abriu os prospectos da empresa, mostrou o site e fez uma rápida simulação da nova tecnologia. Alguns colegas a ouviram com curiosidade. Outros com desconfiança. Ao término da sua explicação, os colegas pareciam ter mais dúvidas do que certezas.

– Como vamos vender este protótipo sem testar num grande cliente? – questionou Humberto.

— Eles são pequenos demais para dar conta da demanda! – afirmou Ernesto.

— Eu não tenho ideia de como vender essa nova tecnologia – confessou Luís, outro jovem vendedor.

Júnior percebeu que aquela era uma grande oportunidade. Mas seus melhores colaboradores sentiam-se inseguros e despreparados para explorá-la.

Exercício 1:

No lugar de Júnior, o que você faria para liderar a equipe neste processo de inovação.

a. Centralizaria todas as ações em você: pesquisa, planejamento, execução e comunicação.
b. Treinaria a equipe para desenvolver projetos inovadores;
c. Promoveria um planejamento participativo do projeto de inovação e distribuiria as tarefas conforme as aptidões de cada uma.
d. Delegaria à equipe todo o processo de inovação, premiando os resultados.

Exercício 2:

Cheque qual dos erros "assassinos" do processo de inovação você já cometeu:

1. Comunique que o desempenho da empresa é ótimo e melhorar é impossível.	
2. Projete metas bem conservadoras que sejam fáceis de ser cumpridas sem sair da zona de conforto.	
3. Ao promover uma campanha por ideias, não coloque foco, nem objetivos, prazos e muito menos prêmios.	
4. Estimule a disputa individual e entre departamentos para criar inovações.	
5. Não dê autonomia para as pessoas testarem novas ideias.	

6. Deixe claro que você não vai tolerar erros: os colaboradores só podem apresentar ideias já testadas.	
7. Deixe as pessoas livres, sem acompanhamento, questionamento ou discussão durante o processo.	
8. Coloque foco apenas no curto prazo: ou a ideia dá retorno imediato ou deve ser descartada.	
9. Deixe os processos e resultados da inovação em segredo.	

Para corrigir os erros acima, é importante desenvolver o perfil do líder facilitador da inovação. Preste atenção nas dicas abaixo:

Competências de um líder facilitador de inovação:	Nunca	Às vezes	Sempre
1. Assumir Riscos: Eu assumo certos riscos para testar novas ideias e projetos.			
2. Estímulo à Inovação: Eu estimulo a equipe a pensar e testar soluções inovadoras.			
3. Curiosidade: Eu estimulo a curiosidade da equipe sobre novas formas de trabalhar e gerar valor.			
4. Vendedor: Eu sou capaz de vender dentro e fora da empresa os benefícios de inovar.			
5. Visionário: Eu antevejo e compartilho tendências de mercado com a equipe.			
6. Ambicioso: Eu acredito e incentivo minha equipe a fazer mais e melhor.			
7. Automotivação: ajudo a equipe a persistir inovando diante de tentativas frustradas e cenários adversos.			
8. Liderança voltada à inovação: deixo claro para a equipe qual o foco da inovação e apoio o processo.			
9. Solucionador de problemas: ajudo a equipe a ultrapassar barreiras no processo de inovação.			
10. Estímulo à colaboração e trabalho em equipe: integro pessoas, comunico conquistas e realimento o processo.			

Dicas Para Estimular a Inovação na Sua Empresa:

1. **Atualize e sensibilize a equipe para a missão, visão, estratégia e posicionamento** – O primeiro passo para criar a cultura da inovação na empresa é fazer com que todos os colaboradores percebam o que gera valor aos olhos do cliente.
2. **Crie o senso de urgência de inovação na equipe e superiores.** – Diretores, gestores e subordinados resistem a ideia de inovação até perceberem o quanto vão ganhar ou deixar de perder com elas. Saiba vender os benefícios de sair da inércia.
3. **Premie, prestigie e festeje as inovações** – estimule a inovação com recompensas financeiras, profissionais e psicológicas.
4. **Abra espaço para o risco** – Aprenda a administrar tanto os custos quanto a frustração gerados pelas tentativas frustradas de inovação. Ajude a equipe a aprender com os erros e reorientar o trabalho.
5. **Crie conexões dentro e fora da empresa** – liderar a inovação requer colher percepção de clientes, captar tendências, adaptar inovações e gerar a colaboração entre áreas.
6. **Incentive a insatisfação construtiva da sua equipe** – as pessoas buscam inovar quando são estimuladas intelectual e emocionalmente. Valorizar a participação e opinião das pessoas, elogiar a persistência e a garra realimentam o processo de inovação.
7. **Promova treinamentos dedicados à inovação** – todos os colaboradores podem colaborar no processo de inovação. Para isso precisam ser sensibilizados e treinados em técnicas de criatividade e gestão de projetos.
8. **Dissemine a cultura da inovação** – A inovação precisa ser cultivada como valor na empresa para gerar resultados efetivos. Este processo requer tempo e determinação do líder.

⇨ **Exercício 1: Resposta recomendada: b.** No caso de Júnior, é importante sensibilizar e treinar sua equipe heterogênea antes de distribuir tarefas, delegar e premiar resultados.

Isso vai permitir que:
- Ideias surjam com maior facilidade;
- Que elas sejam desenvolvidas e testadas com menor resistência por parte do grupo;
- Envolver os diretores e gerências.

Bibliografia:
TERRA, José Cláudio C. *Inovação: Quebrando Paradigmas Para Vencer.* Ed. Saraiva – 2009.

Parte IV

– Comunicação Eficaz para Líderes

13 Líder
que Explica ou Complica ?

Capítulo 13 - Líder que Explica ou Complica?

Quais os quesitos para comunicação eficaz na empresa.

Logo após a leitura do testamento da empresária Carolina Castro, seus filhos Aníbal e Narcisa se confrontaram na sala de reuniões da empresa.

Além da tristeza pela morte repentina da mãe, pairava no ar a frustração com o seu último desejo.

Aníbal olhou para o retrato da mãe e disse:

– Mamãe nunca conseguiu nos unir em vida. E agora, nos acorrentou dividindo as ações da Babel em 50% para cada um.

Narcisa também não parecia contente com a situação.

– Você pode comprar as minhas ações, Aníbal? – perguntou ela.

– Com que dinheiro? Você, irmãzinha, pode comprar as minhas?

– Boa piada.

– É a cara da mamãe esta situação! – disse Aníbal.

Narcisa riu com o comentário do irmão.

– Quem sabe mamãe tenha razão! – afirmou ela – Talvez a gente aprenda a se comunicar agora que ela se foi.

– Irmãzinha, nosso problema só advogado resolve – respondeu ele – Nós nunca concordamos em nada. Por que seria diferente agora?

– E se nós pedíssemos ajuda para um especialista em comunicação para mediar nosso conflito?

Aníbal surpreendeu-se com a proposta.

– Você quer dizer um consultor? – perguntou ele.

– O que você acha irmãozinho?

Após alguma resistência, Aníbal concordou em acompanhar Narcisa em uma visita à consultora Elvira Von Blasfem.

O primeiro encontro dos três aconteceu uma semana depois. Nele, Elvira pediu um histórico dos problemas de comunicação entre os dois irmãos dentro e fora da empresa.

E assim que acabou de ouvir o relato dos dois, ela propôs.
– Gostaria de marcar sessões em separado com vocês a fim de prepará-los para um diálogo– disse ela.
– Mas doutora, nós não temos tempo a perder – reagiu Aníbal.
– Então, vamos marcar para amanhã mesmo uma hora para cada um.
Aníbal não escondeu a sua descrença:
– Ótimo. Assim a gente se livra logo dessa encrenca.
– Aníbal! – repreendeu-lhe Narcisa.
No dia seguinte, Aníbal chegou para a sua sessão com Elvira e foi direto ao ponto:
– Doutora, a senhora pode me dizer como me livrar da desequilibrada da Narcisa sem um processo na justiça?
– Qual o seu objetivo com isso, Aníbal?
– Ter o controle total da empresa e usar os meus métodos de gestão.
– E quais seus pontos fortes para chegar num acordo?
– Eu sou uma pessoa muito direta e objetiva
– E os fracos?
– As pessoas interpretam minha franqueza como grosseria.
– E como você se avalia como comunicador na empresa?
– Eu sou ótimo: capricho nos memorandos, quadros de avisos, intranet, *e-mails* e reuniões. Eu mesmo sou instrutor de treinamento de minha equipe.
– E quais respostas que obtém dos seus colaboradores, Aníbal?
– Respostas? Olha, de vez em quando eles falam "OK, chefe" "Falou, Grande", "Pode deixar, chefia".
– Mas qual o retorno da comunicação: elas normalmente te entregam aquilo que você solicita?
Aníbal suspirou ao responder:
– Raramente. E quando me entregam aquilo que pedi parece puro acidente.
– Você se considera um bom ouvinte, Anibal?
– Tenho ouvido de tuberculoso, dona Emília.
– Meu nome é Elvira.
– Desculpe. Eu não sou muito bom com nomes e não tenho muita paciência para ouvir as pessoas até o final. Mas fora isso...
– E você tem facilidade em perceber a linguagem não verbal das pessoas?
– Observador eu sou. Mas interpretar expressões, gestos e posturas não é comigo.
– Aníbal, pelo que você acabou de dizer, está te faltando percepção para compreender o ponto de vista da Narcisa e dos empregados da Babel.

– A senhora não entendeu o meu problema. – respondeu Aníbal – Eu quero negociar com a minha irmã e não entender o problema dela.
– E de que maneira você vai ser persuasivo sem entender como Narcisa percebe e sente o problema?
– E o que a senhora sugere pra eu compreender melhor a Narcisa? – perguntou Aníbal.

Exercício 1:

Qual das seguintes recomendações você daria a Aníbal para melhorar sua capacidade de entender os outros e chegar num acordo satisfatório?
a. Ouvir atenciosamente as pessoas, tentando falar menos e ouvir mais.
b. Entender o porquê das pessoas resistirem a suas solicitações.
c. Explicar tudo às pessoas como se elas fossem crianças de cinco anos.
d. Delegar a comunicação a um terceiro melhor preparado para fazê-lo.

Vamos entender o processo de comunicação do ponto de vista de um gestor autocrático e de um líder que desenvolve pessoas.

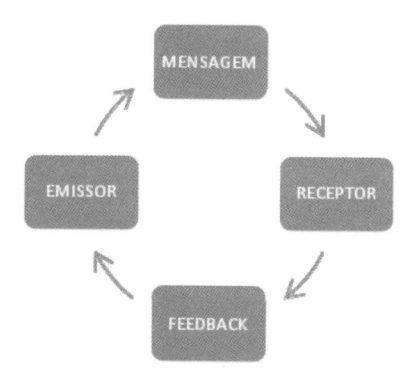

Elementos do Processo de Comunicação	Processo de Comunicação Chefe X Subordinado	Processo de Comunicação Líder X Liderado
Emissor: pessoa que elabora, codifica e transmite uma mensagem.	O chefe	Líder e o liderado.

Mensagem: A forma com a qual o emissor elabora uma informação.	Mensagem do chefe para o subordinado.	Mensagens do líder e do liderado.
Receptor: é quem recebe, decodifica e interpreta a mensagem.	O subordinado.	Líder e o liderado.
Canal: meio ou veículo pelo qual receptor e emissor estão ligados que possibilita a circulação da mensagem.	\- Conversa pessoal, telefônica ou por meios eletrônicos; \- *e-mail*; \- Circulares/relatórios etc.	
Código: conjunto de signos usados na transmissão da mensagem.	Linguagem verbal. (idiomas) Linguagem não verbal. (sinais)	
Feedback (Retorno): é a verificação se a mensagem emitida pelo emissor foi bem compreendida pelo receptor.	O subordinado responde verbalmente ou com ações.	Líder e liderado respondem verbalmente e com ações.
Ruído: interferência no processo de compreensão da mensagem.	• Nível hierárquico. • *Layouts* fechados.	• Incoerência. • Falta de empatia.
	• Reações Emocionais. • Desconfiança. • Não ouvir/ouvir seletivamente. • Linguagem diferente. • Jargões etc.	
Contexto: relacionado com o emissor e receptor	Relação hierárquica.	Relação de influência mútua e desenvolvimento.

Exercício 2:

Faça um teste sobre suas habilidades de comunicação na empresa.

Evidências de Habilidade de Comunicação	Nunca	Às vezes	Sempre
1. Subordinados e colegas compreendem e aceitam minhas solicitações e propostas sem dificuldades			
2. Subordinados e colegas entregam o que eu peço da maneira certa e no prazo combinado			

3. Meus subordinados e colegas esclarecem suas dúvidas e objeções sobre minhas solicitações			
4. Nas conversas, reuniões e avaliações sempre há espaço para eu ouvir e falar			
5. Eu consigo me comunicar com pessoas de diferentes níveis hierárquicos e culturais			
6. Eu consigo me comunicar adequadamente com pessoas que considero "difíceis"			
7. Eu sei adequar vocabulário e argumentos para facilitar a sintonia com meu subordinado, chefia ou colega			
8. Eu consigo perceber se "o que" a pessoa fala está coerente com o "como" ela fala.			
9. Eu consigo chegar a uma alternativa quando existe um impasse entre a minha proposta e a do outro			
10. Eu consigo explicar minhas decisões e ser compreendido sem depender do meu nível hierárquico			

Análise do resultado:

De 8 a 10 respostas SEMPRE – Parabéns. Você tem uma ótima comunicação com sua equipe.

De 5 a 7 respostas SEMPRE – Você pode melhorar a sua habilidade de comunicação, exercitando os itens cujas respostas foram NUNCA ou ÀS VEZES.

De 0 a 4 respostas SEMPRE – Você deve estar com muitos problemas de comunicação, gerando estresse e prejuízos para sua equipe. É urgente a necessidade de treinamento e orientação para melhorar suas habilidades de comunicação.

Dicas para Melhorar Seu Desempenho na Comunicação como Líder:

1. **Busque ser coerente entre o que diz e o que faz:** uma ação transmite mais informações do que muitas palavras.
2. **Busque ser coerente entre o que diz com o como diz:** tom de voz e expressões "falam" mais do que as palavras numa conversa.
3. **Invista mais tempo em ouvir, observar e "sentir" os liderados do que em falar:** Quanto melhor a percepção do outro, mais fácil exercer influência.
4. **Busque ser claro, conciso e objetivo no conteúdo a transmitir:** evite tratar de muitos assuntos ao mesmo tempo numa reunião.

5. **Prepare-se para fazer perguntas:** Elas vão ajudá- lo a ouvir, organizar seu pensamento e verificar a compreensão do interlocutor.
6. **Mostre, converse e demonstre o conteúdo a transmitir para a equipe:** habitue-se a transmitir mensagens por escrito, por diálogo e simulações práticas.
7. **Se você tem muitas pessoas "difíceis" na equipe, pergunte-se o quanto do comportamento inadequado delas é resposta ao seu:** Peça ajuda para pessoas de fora para analisar seus problemas de relacionamento.
8. **Exercite sua capacidade de empatia com seus liderados:** Lembre-se que grande parte dos bloqueios de comunicação entre líder e liderados é emocional.
9. **Ouça a proposta do liderado para buscar uma alternativa:** O papel do líder não é ter sempre razão, mas atingir objetivos desenvolvendo pessoas.
10. **Valorize a autoridade pela postura e não pela hierarquia:** Alguns dos mais importantes líderes moldaram visões, missões e valores de muitos sem ocupar cargo de chefia, usando apenas o exemplo e a coerência.

⇨ **Exercício 1: Resposta recomendada: a**, que é o pré-requisito para uma boa comunicação.
Será que um chefe autocrático como Aníbal tem condições de mudar a postura e melhorar sua comunicação?

Bibliografia:

COVEY, Stephen R. *Os 7 Hábitos das Pessoas Muito Eficazes*. Ed. Best Seller.
FRITZEN, José Silvino. *Exercícios Práticos de Dinâmica de Grupo*. Ed. Vozes.
ANGELONI, Maria Terezinha. *Comunicação nas Organizações na Era do Conhecimento*. Ed. Atlas.

14 Líder
que Fornece Feedback ou Ferraback?

Capítulo 14 - Líder que Fornece Ferraback ou *Feedback*?

Como dar e receber *feedback* de maneira produtiva.
 Aníbal não entendeu o conselho de Elvira:
 – O que ouvir atenciosamente, falar menos e ouvir mais tem a ver com o meu objetivo, Elvira?
 – Tudo Aníbal. Você quer aprender a ter mais poder de negociação com sua irmã, certo?
 – Exato. Mas eu já sei o que ela tem para falar. E não vou aceitar de jeito nenhum!
 – Aníbal, se você não estiver preparado para ouvir, eu o aconselho a deixar a administração para a Narcisa ou outra pessoa.
 – De jeito nenhum! – berrou Aníbal – Eu vim aqui para ouvir um conselho que preste!
 Aníbal pegou sua mala e dirigiu-se até a porta. Mas antes mesmo de sair, ele percebeu que estava exagerando. Aníbal pensou que se desistisse só estaria confirmando o que todos falavam dele. E como não queria dar o braço a torcer ele deu meia volta.
 – Eu não deixo nada pela metade. Já que estou aqui, quero ouvir seu conselho até o final. – disse Aníbal voltando a sentar-se.
 Elvira não parecia perturbada com aquela explosão emocional.
 – Aníbal, eu sei que não é fácil aprender a ouvir as pessoas. É preciso bastante preparo técnico e emocional.
 – É. Eu sou uma pessoa estourada, como a senhora pode notar...
 – Respire fundo Aníbal, deixe a pessoa falar até o final e faça perguntas para verificar se você entendeu. Mas sem demonstrar irritação.
 – Esse é o problema. Não aguento mais ouvir as mesmas desculpas para os mesmos problemas.
 – Aníbal, a responsabilidade da comunicação é do emissor. Se você não tem o retorno esperado, mude a forma com que se comunica.

– E se eu não conseguir conter a minha irritação? – perguntou ele.
– Fale que você está irritado e explique a razão. Isso vai ajudar seu interlocutor a lidar com a situação.

Aníbal continuou a conversa cada vez mais interessado. Ao final, ele concordou com mais três sessões de aconselhamento e treinamento de *feedback* para a semana seguinte.

E uma semana depois, ao final da última sessão, Aníbal sentia-se pronto para o desafio.

– Elvira, vou marcar uma sessão de *feedback* com minha assistente Amélia. – disse ele.
– E por que ela? – questionou Elvira.
– Porque ela é a gerente da "rádio corredor" da empresa, a rainha da fofoca.
– Então se prepare e mantenha a calma, Aníbal.

Dois dias depois, Aníbal chamou dona Amélia para uma conversa em sua sala.

Ela parecia trêmula ao entrar.

Ao perceber o mal estar de sua assistente, Aníbal usou o tom mais amigável possível.

– Dona Amélia, por favor, sente-se.

Amélia ficou muda por instantes, com olhos vidrados no chefe.

– O que eu fiz dessa vez doutor Aníbal? – perguntou ela.
– Nada. Eu quero apenas conversar com a senhora – avisou Aníbal com um sorriso – A senhora anda satisfeita com seu trabalho por aqui?
– Lógico! – respondeu Amélia – Por quê? Fizeram a minha caveira com o senhor?
– Pelo contrário, a senhora tem sido uma excelente assistente. Acho que eu é que não tenho sido o chefe que a senhora merece.
– Doutor Aníbal, eu não estou entendendo. – disse Amélia ainda mais trêmula.
– Fique tranquila! Eu quero que a senhora descreva como eu gerencio o seu trabalho.

Dona Amélia hesitou por um instante.

– Seu Aníbal, – disse ela titubeando – o senhor é uma pessoa organizada, criteriosa, meticulosa e perfeccionista. E eu gosto disto.
– Perfeito. – disse Aníbal animado – Fale mais.
– Mais? – Amélia suspirou antes de continuar – O problema é que quando fica bravo, o que acontece a cada meia hora, parece um animal selvagem.

Aníbal pulou para cima de Amélia, que se escondeu atrás da cadeira.

– Xingamento não vale! – gritou Aníbal ofegante.
– Desculpe, desculpe. – balbuciou Amélia.

Aníbal voltou logo a si e tentou remediar a situação.

– Dona Amélia, eu reconheço que me altero um pouco quando as coisas não saem como eu quero. Mas também não é assim.

– O senhor duvida? – perguntou Amélia saindo de trás da cadeira – Então pergunte para mais três ou quatro pessoas e ouça as respostas.

Exercício 1:

Diante do *feedback* tão negativo de uma das suas principais colaboradoras, o que **não** deve fazer Aníbal?

a. Agradecer o *feedback* e pedir que ela descreva o que espera dele como chefe.
b. Checar aquela informação com os outros colaboradores.
c. Pedir desculpas pela atitude que teve com ela até aquele momento.
d. Agradecer e desistir de pedir mais *feedback*s, pois mudar é impossível.

Exercício 2:

Assinale quais características faltaram na sessão de *feedback* de Aníbal:

	Características de um Bom *Feedback*	Aníbal
1.	Prepare-se antes de do *feedback*.	
2.	Ofereça atenção para ser ouvido com atenção.	
3.	Gere descontração antes, demonstre atenção durante e revise os pontos principais ao final.	
4.	Deixe claro que a conversa tem por objetivo a melhoria do trabalho e não críticas pessoais.	
5.	Faça perguntas até esclarecer as dúvidas.	
6.	Descreva fatos e demonstre o que você pensa e sente em relação a eles.	
7.	Busque ser objetivo, claro e empático.	
8.	Seja positivo e construtivo nas suas colocações.	
9.	Utilize palavras e argumentos do outro nas suas colocações.	
10.	Traduza suas colocações para o mapa mental (modo de pensar) de seu subordinado.	

Análise das Respostas:
1. Em todos os itens, Aníbal apresentou problemas:
2. Preparou-se para falar e não para ouvir.
3. Faltaram perguntas para esclarecimento de dúvidas.
4. Forçou intimidade em vez de quebrar o gelo.
5. Perdeu o foco durante a entrevista.
6. Depois do *feedback* negativo, parou de perguntar.
7. Explorou poucos fatos e muito as próprias opiniões.
8. Foi pouco empático ao não perceber a confusão da colaboradora.
9. Começou positivo, mas depois variou entre a negatividade e reatividade.
10. Usou poucas palavras e argumentos da colaboradora na sua argumentação.
11. Ele explorou pouco o ponto de vista da colaboradora.

Quadro Comparativo Ferraback X *Feedback*.

Caraterísticas	Ferraback	*Feedback*
Objetivo.	Bronca, crítica.	Melhoria do desempenho do colaborador/parceiro.
Quem fala.	O chefe/superior na hierarquia	Os dois.
Quem escuta.	O subordinado/ inferior na hierarquia.	Os dois
Como começa.	Com a descrição de pontos negativos no desempenho.	Com uma conversa quebra gelo para diminuir tensão.
Como se desenvolve.	Com julgamento do avaliado e determinação do que precisa ser mudado.	Com diálogo sobre o desempenho do liderado. Identificação de pontos fortes e de melhoria.
Como termina.	Com ameaças caso o desempenho não melhore.	Recapitulação e acordo de melhoria, plano de ação e metas a serem atingidas.
Atitude em relação aos problemas.	<ul><li>Obscuro.</li><li>Complicado</li><li>Agressor.</li><li>Dominador.</li><li>Negativista.</li><li>Desertor.</li><li>Tímido e calado.</li><li>Zombeteiro.</li></ul>	<ul><li>Esclarecedor</li><li>Interrogador</li><li>Opinativo.</li><li>Informador.</li><li>Alentador.</li><li>Humano.</li><li>Redutor de tensões.</li><li>Incentivador.</li><li>Iniciador.</li></ul>

Exercício 3:

Leia as dicas sobre como dar um *feedback* produtivo e dê uma nota de 0 a 10 para sua capacidade de aplicá-la.

Dica	Como aplicá-la	Sua nota
1. Prepare-se antes de dar o *feedback*:	– Analise a descrição de cargo do colaborador, perfil de competências e resultados; – Cheque a percepção de parceiros e clientes do avaliado; – Revise os compromissos da última avaliação.	
2. Crie um clima de descontração antes, demonstre atenção durante e revise os pontos principais ao final.	– Comece com perguntas "quebra gelo"; Ex: *Como tem passado? Já mudou de casa?* – Perceba o estado emocional do avaliado e busque tranquiliza-lo se necessário. – Estruture sua conversa através de perguntas. – Ao final de cada etapa, use perguntas de verificação.	
3. Demonstre atenção no que o outro diz para melhorar seu poder de persuasão.	– **Visualmente**: olhar atencioso, gestos abertos, posicionar-se de frente e manter o foco na pessoa o tempo todo. – **Verbalmente**: palavras de reforço enquanto ouve o outro: *eu compreendo, ok, sim, continue.*	
4. Deixe claro que vocês vão analisar o desempenho profissional com foco na melhoria e não fazer julgamentos pessoais.	**Exemplo de introdução:** – *Vamos conversar sobre como melhorar seu desempenho e o meu como seu líder/parceiro.* **Exemplo de Diminuição de Tensão Emocional:** – *A questão não é achar culpados, e sim soluções. Você me ajuda?*	
5. Faça perguntas até tirar as dúvidas.	**Exemplo:** – *Você acha que o problema foi este e não aquele?* – *E como podemos solucioná-lo?* – *Então você prefere esclarecer pessoalmente o problema com o cliente?*	

6.	Descreva fatos, percepções e demonstre o que você pensa e sente em relação a eles.	**Exemplo:** – Esta é a terceira vez que conversamos sobre este problema. Eu percebo que você tem evitado tratar o assunto e isso tem me preocupado. O que você pode fazer para me ajudar?
7.	Busque ser claro e empático.	**Exemplo:** – Eu entendo que você esteja cansado de correr atrás de uma solução e não ter resposta. Mas, para encaminhar suas sugestões, eu preciso recebê-las com pelo menos dois dias de antecedência.
8.	Seja positivo e construtivo nas suas colocações.	**Exemplo:** – Se você revisar os procedimentos e participar do treinamento técnico vai atingir a meta.
9.	Reforce a sintonia com a outra pessoa.	**Exemplo:** – Então você quer dizer que, por falta de retorno da área responsável, pensou que não era mais prioritário?
10.	Busque entender o que é importante para a pessoa.	**Para quem gosta de ter prazer no trabalho:** – O que mais te agrada neste trabalho? **Para quem busca fugir de problemas:** – O que mais te preocupa neste trabalho? **Para os detalhistas:** – Qual sua análise deste trabalho? **Para os que gostam de ver o todo:** – Qual sua visão deste trabalho? **Para os que gostam de reconhecimento:** – Como você se sentiria reconhecido com este trabalho? **Para os que gostam de desafio:** Este é um grande desafio. Você acha que pode encará-lo?
		Total de pontos.

Análise dos Resultados:

De 76 a 100 pontos – Parabéns. Você é uma pessoa altamente preparada para dar e receber *feedback*.

De 50 a 75 pontos – Você consegue dar e receber *feedback*, mas pode melhorar revisando suas práticas e posturas.

De 0 a 49 pontos – Você está com problemas para dar e receber *feedback*. Busque treinamento e supervisão para melhorar.

⇨ **Exercício 1: Resposta recomendada: d**

Bibliografia:
COVEY, Stephen R. *Os 7 Hábitos das Pessoas Muito Eficazes*. Ed. Best Seller.
FRITZEN, José Silvino. *Exercícios Práticos de Dinâmica de Grupo*. Ed. Vozes.
ANGELONI, Maria Terezinha. *Comunicação nas Organizações na Era do Conhecimento*. Ed. Atlas.

15 Líder que Joga para Ganhar Com a Equipe ou Contra Ela?

Capítulo 15 - Líder que Joga para Ganhar com a Equipe ou Contra Ela?

Qual atitude você assume na solução de problemas da equipe.

Um mês depois da primeira reunião, Narcisa, Aníbal e a doutora Elvira Von Blasfem voltaram a se reunir.

Elvira logo notou a hesitação dos irmãos em relatar suas experiências.

– Depois de um mês dando e recebendo *feedback*, qual foi a conclusão de cada um vocês? – questionou Elvira.

Aníbal, um pouco constrangido, confessou:

– Eu já sabia que eu era um gestor agressivo, às vezes até descontrolado. Mas não tinha ideia como as pessoas me temiam e criticavam pelas costas.

Narcisa, também sem graça, disse:

– Eu descobri que fui uma gestora ausente e displicente com os valores e compromisso.

– Ótimo. – respondeu Elvira satisfeita – Vocês já estão prontos para negociar sobre o futuro da Babel.

– Será? – questionou Aníbal – Vocês sabem como eu sou esquentado.

– E eu posso piorar a situação com a minha arrogância. – alertou Narcisa.

– Não se preocupem. – respondeu Elvira – Agora que vocês têm visões mais realistas sobre si mesmos, poderão entender melhor a visão do outro.

– E se pintar um barraco? – perguntou Aníbal – Você vai nos ajudar, Elvira?

– Claro – respondeu Elvira – Eu posso ajudá-los a manter uma atitude ganha – ganha para que encontrem soluções satisfatórias para ambos.

Tanto Narcisa quanto Aníbal ainda pareciam tensos.

– Que tal vocês quebrarem o gelo até se acalmarem falando de algo ameno – sugeriu Elvira – Que tal falarem da família?

– Falar justo da família? – questionou Narcisa – Meu filho está numa clínica para desintoxicação. O Aníbal está brigando com a filha...

– Não é bem assim – retrucou Aníbal – O problema é que quando vejo a minha menininha com aquele barrigão eu fico possesso.

– Sabe Aníbal – disse Narcisa, em tom de desabafo – eu acho que a gente não vai conseguir administrar esta empresa juntos.

– É verdade, Narcisa – concordou ele – E até onde eu sei, nenhum de nós consegue comprar a parte do outro.

– Eu sei. Mas não vai ser necessário. Eu confio em você para administrar a empresa, Aníbal.

– Absolutamente. Você é a mais preparada para administrar a empresa, Narcisa.

Narcisa parecia surpresa com a reação do irmão.

– Mas se nenhum de nós se sente pronto para administrar a empresa, o que vamos fazer? – perguntou ela – O que você acha desta situação, Elvira?

– Esta solução traz ganho para todos? – questionou Elvira.

– Absolutamente – respondeu Aníbal – nesta situação todos perdem. A empresa precisa de comando. Mas nenhum de nós está pronto.

Elvira então perguntou:

– E qual seria uma solução satisfatória para ambos os lados da questão?

Narcisa, depois de um momento de reflexão, respondeu:

– Precisamos achar alguém competente que possa administrar a empresa.

– Mas não existe ninguém aqui dentro da empresa com este perfil. – reagiu Aníbal.

– Podemos achar um executivo no mercado com este perfil, né Aníbal? – propôs Narcisa.

– Eu não concordo. – respondeu Aníbal – A empresa ainda está caótica demais para alguém de fora assumi-la.

– Mas Aníbal, – disse Narcisa já mostrando irritação – nós precisamos de ajuda para organizar esta bagunça.

– Mas Narcisa, nós corremos o risco de ser enganados e roubados por um executivo esperto. – disse Aníbal já se alterando.

Narcisa parecia incomodada com a objeção do irmão.

– Irmão, então só nos resta vender a empresa.

– De jeito nenhum. – respondeu Aníbal – Se vendermos a empresa neste momento vão nos pagar uma pechincha.

— Aníbal, será que dá pra pensar numa solução em vez de colocar defeito em tudo o que eu falo? – questionou Narcisa aos berros.

Aníbal teve um ímpeto de se levantar e partir para cima da irmã. Mas preferiu ir até a geladeira tomar uma água, provavelmente para se acalmar. Em seguida olhou para Elvira, como se pedisse pela sua interferência.

— Você está vendo, Elvira – reclamou Narcisa num tom quase infantil – como o Aníbal é inflexível?

— E você Narcisa? – rebateu Aníbal aos berros – Com suas ideias malucas coloca a empresa na berlinda e depois culpa os outros pelo fracasso!

— Está vendo mamãe? – perguntou Narcisa indignada a Elvira.

Narcisa só reparou a sua gafe pelo olhar atônito de Aníbal. Sua face ficou rosada. Em seguida ela foi até a geladeira pegar água como se nada tivesse acontecido.

Os dois irmãos se calaram e ficaram olhando para o chão, visivelmente constrangidos.

Poucos instantes depois Elvira interrompeu o silêncio.

— Vocês estão no caminho de uma negociação boa para ambos?

— Não. Certamente não. – respondeu Narcisa envergonhada. – Nós só conseguimos ver o que não vai dar certo.

— Nós não, Narcisa. Eu é que estou muito negativo. – confessou Aníbal – É que abrir mão do negócio significa uma grande derrota pra mim.

Narcisa olhou compadecida da amargura do irmão e buscou a ajuda de Elvira:

— O que você acha que podemos fazer pra sair deste impasse?

Exercício 1:

No lugar de Elvira, qual dos conselhos abaixo você **não** daria aos irmãos Castro?

a. Desistam da negociação e vendam a empresa, pois é impossível um acordo entre vocês.
b. Conversem sobre suas expectativas em relação à empresa para construir uma proposta satisfatória para ambos.
c. Busquem o que vocês querem – e não o que vocês não querem – para chegar a um acordo razoável.
d. Eu sugiro uma terapia familiar para que os problemas familiares não interfiram nos problemas da empresa.

Saber negociar situações complexas, que envolvam problemas de ordem objetiva ou subjetiva, é diferencial de grandes líderes.

E um dos segredos do seu sucesso é a capacidade de ter uma atitude adequada e produtiva diante de conflitos e dilemas dentro e fora da empresa.

Você é uma pessoa que tem atitudes produtivas na negociação dentro da empresa?

Atitude	Descrição	Indicado para:	Contraindicado para:
Perde-Perde: Ex: -*Vá para o diabo você e a sua empresa!* - *Veja se me esquece!*	- Você desiste de encontrar uma solução satisfatória para você e o outro; - Parte para a agressão física ou verbal; - Fecha a porta para qualquer acordo posterior.	- Eliminar a relação ou negociação de maneira definitiva.	- Manter a relação e a negociação posteriormente.
Perde-Ganha: Ex: - *Está bem. Vamos fazer do seu jeito! Depois eu me viro para resolver.*	- Você desiste de uma solução satisfatória para si e aceita o que a outra pessoa deseja.	- Situações que não valem a pena o esforço e desgaste de uma negociação.	- Situações que possam gerar prejuízos no trabalho e no relacionamento.
Ganha-Perde: Ex: - *Eu não aceito mudar nada na minha proposta.* - *Você está errado e eu estou certo.*	Você insiste em manter a sua proposta contra a proposta do outro.	- Situações em que você ache adequado não negociar. - Quando o assunto é urgente e não há tempo de negociar.	Situações em que a inflexibilidade pode causar prejuízos no trabalho e no relacionamento.
Ganha-Ganha: Ex: *Eu compreendo que você queira mais tempo para decidir, mas o nosso prazo termina hoje às seis. Vamos achar juntos uma saída?*	Você busca uma alternativa satisfatória para ambos os lados, construindo uma terceira solução.	Quando você está lidando com um problema e relacionamento importante.	Quando você precisa de solução urgente e há muita discordância entre as partes.

Exercício 2:

Analise as falas dos colaboradores e identifique qual a atitude de cada um em relação ao problema.

Atitudes	Perde-Perde.	Perde-Ganha.	Ganha-Perde	Ganha-Ganha.
I - Colaborador: Chefe, eu desisto. Ninguém me ajuda, eu estou sobrecarregado. Não tem como entregar!				
II - Colaborador: Chefe desculpe, eu estou atrasado porque ninguém me ajudou. Eu vou virar a noite trabalhando para tentar entregar.				
III - Colaborador: Chefe, é um absurdo eu ter de fazer o meu trabalho e o deles. Você tem de cobrar o resto da equipe.				
IV - Colaborador: Chefe, eu preciso de ajuda para entregar este trabalho no prazo.				

Exercício 3:

Escolha uma das seguintes respostas do líder para cada situação acima. Você pode repetir a mesma resposta para mais de uma situação.

Respostas do Líder		Situação			
		I	II	III	IV
a)	Qual a sua dificuldade pra resolver este problema?				
b)	Eu não aguento mais vocês.				
c)	Verdade? Está bem. Eu vou ver se eu resolvo.				
d)	De jeito nenhum. Você tinha de me avisar antes. Vire-se!				

⇨ **Exercicio 1: Resposta recomendada: a**, que significa a desistência da negociação.

⇨ **Exercício 2: Respostas:**

Situação	Atitude do colaborador	Análise
I.	Perde-Perde	**Negativa.** Colaborador desistiu de se responsabilizar.
II.	Perde-Ganha.	**Defensiva.** Colaborador assume toda a responsabilidade.
III.	Ganha-Perde	**Autoritária e Crítica.** Colaborador quer impor sua visão e criticar a atitude de todos, inclusive do chefe.
IV.	Ganha-Ganha	**Racional e Positiva.** Colaborador pede ajuda para solução de um problema.

⇨ **Exercício 3: Resposta recomendada: alternativa a** - ganha-ganha – para todas as situações mostra flexibilidade e empatia para a solução do problema.

Bibliografia:
COVEY, Stephen. *Os 7 Hábitos das Pessoas Muito Eficazes.* Ed. Best Seller.

Parte V

– Desenvolvendo Relacionamentos e Manejando Conflitos

16 Líder
Líder Facilitador ou Dificultador das Relações?

Capítulo 16 - Líder Facilitador ou Dificultador das Relações?

Quais os fatores que facilitam ou dificultam as relações dentro da empresa.

Anderson chegou muito irritado em casa naquela noite de sexta feira. Sua esposa Marilda logo percebeu algo de errado:
– O que foi dessa vez, Anderson?
– Eu ainda mato o Fred e a Luciana. Ou eles me matam antes!
– Mas você não tinha convencido os dois vendedores brigões a trabalharem juntos?
– Eu achava que tinha. Mas deu tudo errado. E agora, em vez de fazer um ótimo negócio, estamos quase perdendo nossos dois melhores clientes.
– Anderson, eu não aguento mais ver você chegando sempre tenso do trabalho. Você precisa fazer alguma coisa ou vai ter um troço.
– E você acha que eu não sei? Você acha que eu gosto disso!? Hein! Fala!!!
– Sossegue Anderson. Afinal, você é um líder ou um refém das brigas dos vendedores?
– O que falta eu fazer? Já adverti, mandei os dois se acertarem, orientei. Mas eles sempre acabam se estranhando!
– Mas você parou para ouvir a versão deles do problema, Anderson?
– Pra quê? Eles vão começar a acusar um ao outro e não vamos chegar a lugar nenhum.
– Anderson, meu querido, tente ver o problema de maneira mais objetiva: quais são os fatos da situação?
– A Luciana e o Fred trabalharam sem se conversar no projeto, perderam o prazo de uma documentação e agora acusam um ao outro pelo erro.
– Ok. E quais os sentimentos das pessoas envolvidas no problema?
– Os clientes estão furiosos e querendo cancelar todo o negócio. E os vendedores com ódio um do outro.

– Entendi. Mas deve haver alguma necessidade insatisfeita dos dois vendedores que alimenta este conflito. Você não acha Anderson?

Anderson ficou surpreso com a pergunta da esposa. Ele não tinha pensado nas necessidades dos vendedores em conflito.

– Deve ser de confiança. – concluiu ele – Aliás, todo mundo tem seu motivo para desconfiar do outro nesta história.

– Então Anderson, seu papel nesta história é transformar o círculo vicioso de desconfiança num círculo virtuoso de confiança.

– Infelizmente, não dá mais, Marilda. A nossa imagem com o cliente já foi torrada.

– Tente Anderson. Esclareça a situação com a Luciana e o Frederico. Busque os fatos e as intenções reais deles para chegar a uma conclusão.

– Vocês psicólogas sempre querendo colocar mais grilos na nossa cabeça – disse ele.

Ás nove horas em ponto da manhã seguinte, Anderson sentia-se prestes a presenciar a luta do século: o confronto entre Frederico Tanque de Guerra e Luciana Franca Atiradora.

Seu coração disparou ao ser avisado que os dois já estavam na sala de reuniões.

Luciana entrou antes. Impecável no seu tailleur, cabelo e maquiagem sóbrios, ela parecia estar vestida para matar. Talvez literalmente.

Já Frederico parecia não ter dormido a noite. Olho vermelho, camisa amarfanhada, expressão fechada, ele parecia pronto para a briga.

Anderson bem que queria quebrar o gelo. Mas como não sabia o que dizer, ele decidiu ser direto:

– A gente precisa resolver nosso problema e dar encaminhamento aos clientes.

– Isso seria ótimo, Anderson. – respondeu Luciana em tom irônico – Eles estão nervosíssimos e com razão.

– Eu sei Luciana. – rebateu Frederico – Não se esqueça de que eu também estou recebendo os telefonemas furiosos deles.

– Pois é, Frederico. – continuou ela – Eu te falei para planejarmos o negócio juntos, mas você não quis. Agora vai ser difícil consertar o estrago.

Frederico aumentou o tom de voz.

– Luciana, se a gente parasse de ficar acusando um ao outro e focasse na solução do problema, teríamos alguma chance.

– Eu concordo Fred – respondeu ela – Mas é só a gente começar e você vem com um caminhão de acusações, como se só eu tivesse responsabilidade.

– E você, Luciana – disse Frederico – vem com as suas ironias que me irritam profundamente. Eu preferia receber um tapa na cara a tanta ironia.

– Ah, é? Como você quiser Frederico...

Ao ver a mão de Luciana se erguendo, Anderson deu um murro na mesa e berrou:

– O que é isso, minha gente!

Luciana, parecendo arrependida pelo seu descontrole, disse para Fred:

– Eu sempre respeitei seu trabalho e achei que poderíamos ganhar juntos. Eu não mereço este tratamento!

– Você respeita o meu trabalho? Sei... – respondeu Frederico.

– Agora quem está sendo irônico é você.

Anderson sentiu que a conversa não ia bem.

– Frederico, seja franco e diga o que você sente – disse ele.

Frederico, com olhar cheio de mágoa direcionada a Luciana, disse:

– Eu sempre soube que você tinha inveja do meu sucesso no departamento.

– Inveja? Ora, faça-me o favor. – respondeu Luciana cruzando os braços.

– Agora é você que está me criticando! – reagiu ele.

Ao ver Frederico agitado e com dedo em riste, Anderson interferiu:

– Fred, talvez você esteja confundindo admiração com inveja.

– Impossível chefe. Quem admira elogia! Essa daí só fazia piadinhas tipo: é o peixinho da gerência, pega sempre o filé...

Luciana parecia cada vez mais vulnerável e envergonhada.

– Ok. Eu tenho dificuldade de elogiar. Eu sempre trabalhei em ambientes masculinos e precisei colocar uma capa de durona.

Frederico, com cara de desconfiado, respondeu:

– Então você acha que elogiar um colega significa abrir a guarda para uma cantada?

– Mais ou menos isso.

– Puxa. Luciana, eu achava que você me detestava.

– Se eu te detestasse iria chamar você pra participar de um grande projeto, Fred?

Frederico parecia finalmente convencido da sinceridade de Luciana.

– Então nós não somos inimigos e temos interesse em resolver a questão? – perguntou Frederico aparentando surpresa.

Anderson, também surpreso com a repentina reversão da situação, deu o próximo passo:

– Ótimo. Agora que esclarecemos sentimentos e intenções, precisamos saber o que fazer efetivamente com o problema.

Luciana continuou a falar em tom de confissão.

– O problema foi que nós não conseguimos pegar as informações dos órgãos públicos no prazo de participar da licitação.

– Nós não. Esta era obrigação sua! – disse Frederico apontando seu dedo acusador para Luciana.

– A questão é que foi o seu cliente que não conseguiu levantar a documentação a tempo. – defendeu-se Luciana – Isso era sua responsabilidade.

Frederico justificou- se:

– Se você tivesse passado o cronograma certo, eu teria alertado meu cliente.

Anderson percebeu que era o momento de questioná-los.

Exercício 1:

No lugar de Anderson, qual a melhor forma de intervir neste ponto da negociação:
   a. Vamos parar de jogar a culpa uns nos outros, minha gente!
   b. Vamos parar um instante, tomar um cafezinho e continuar esta conversa daqui a pouco.
   c. Sim, nós cometemos estes erros. Mas agora precisamos nos unir para achar uma solução.
   d. Vocês não têm jeito mesmo. Eu vou dizer agora o que devemos fazer.

Exercício 2:

Faça o exercício abaixo e cheque a sua capacidade de lidar com relações difíceis no trabalho:

Você e as Relações Difíceis no Trabalho	Nunca	Às vezes	Sempre
1. Tenho medo de conflitos interpessoais.			
2. Eu não consigo ver nada de positivo no conflito entre pessoas na equipe.			
3. Eu percebo os problemas interpessoais quando já estão graves e de difícil solução.			

4. Eu prefiro ignorar problemas interpessoais na equipe e focar apenas no profissional.			
5. Eu acho que normalmente não vale a pena lidar com problemas interpessoais na equipe.			
6. Eu deixo o problema interpessoal resolver-se por si só.			
7. Eu não sei lidar com diferenças de interesses, posicionamentos e estilos pessoais na equipe.			
8. Eu acho difícil entender as verdadeiras intenções das pessoas em conflito.			
9. Eu tenho dificuldade de lidar com as emoções durante a administração do conflito.			
10. Eu me sinto ameaçado diante de problemas interpessoais no trabalho.			

Análise das Respostas:
    De 8 a 10 respostas nunca – Parabéns! Você se sente à vontade para lidar com problemas de relacionamento no trabalho.
    De 5 a 7 respostas nunca – Você pode melhorar seu desempenho, especialmente nos itens de resposta às vezes e sempre.
    De 1 a 4 respostas nunca – Você precisa melhorar sua percepção e atitude diante dos conflitos interpessoais. Procure um treinamento e supervisão para melhorar sua competência interpessoal.

Dicas para Lidar Positivamente com Relações Difíceis no Trabalho:
1. **Entenda as causas do seu medo de conflitos interpessoais:** o conflito pode ser positivo e trazer vantagens para os envolvidos, desde que bem administrados. Busque identificar qual o seu medo em lidar com ele e dê o primeiro passo para enfrentá-lo. Caso você tenha dificuldade nesta identificação, busque ajuda especializada de um terapeuta.
2. **Aprenda a ver o lado positivo no conflito entre pessoas na equipe:** Conflitos são comuns quando pessoas diferentes têm de resolver problemas e atingir metas em grupo. O problema é quando intenções positivas geram emoções negativas e embates pessoais. Esclarecer as intenções é o primeiro passo para tornar o clima emocional positivo.

3. **Aprenda a identificar os conflitos interpessoais a tempo de administrá-lo:** Confrontar e mediar problemas interpessoais logo que surgem ajuda na sua solução rápida e produtiva. Reuniões de acompanhamento periódicas ajudam na identificação e monitoramento precoce destes problemas.
4. **Você não precisa mudar as pessoas para melhorar os relacionamentos:** O líder não tem o poder de mudar personalidades ou temperamentos, mas é capaz de esclarecer motivos, intenções e emoções, estimulando novos comportamentos das pessoas diante dos problemas.
5. **Foque sua atenção em problemas de relacionamento que impactem nos resultados e convivência do grupo:** Preste atenção em problemas que criem rivalidades nocivas, complexidade e ineficiência de processos e distorções na comunicação.
6. **Identifique problemas de relacionamento que tendem a se agravar com o tempo:** Antagonismos pessoais podem virar rivalidades departamentais quando envolverem a alta gerência. Treinar os líderes a serem assertivos na solução de conflitos pode prevenir estes problemas.
7. **Incentive a aceitação das diferenças entre interesses, posicionamentos e estilos pessoais na equipe:** Equipes que reúnem personalidades marcantes e complementares precisam ser apoiadas para acertarem arestas e lidar produtivamente com suas diferenças.
8. **Esclareça as verdadeiras intenções das pessoas em conflito:** Pessoas em conflito precisam expor seus pontos de vista e justificar suas ações. Treine a si e os colaboradores a perguntar antes de julgar ou pressupor intenções dos colegas.
9. **Identifique e administre as emoções para melhorar relacionamentos:** Entender a sua emoção e dos demais envolvidos no conflito é essencial para gerenciamento mais racional da questão. Ajude as pessoas a entenderem seus sentimentos para poderem administrá-los.
10. **Identifique quais as ameaças à autoimagem dos envolvidos que interferem em seus problemas interpessoais:** Solicitar a um colega que organize melhor seus relatórios pode parecer simples para quem solicita e uma grave ofensa se quem recebe se acha bastante organizado e cuidadoso. Entender estes bloqueios ajuda na solução mais rápida de conflitos.

Sete Erros a Evitar na Solução de Problemas de Relacionamento no Trabalho.
1. Menosprezo dos problemas de relacionamento na equipe.
2. Excesso de timidez na intervenção em problemas de relacionamento.
3. Excesso de agressividade e dominância ao lidar com problemas de relacionamento.
4. Incapacidade de ouvir os envolvidos de maneira produtiva.
5. Achar que apenas uma reunião seja suficiente para resolver o problema de relacionamento.
6. Falta de acompanhamento e orientação para a solução dos problemas de relacionamento.
7. Excesso de tolerância para a repetição dos mesmos problemas de relacionamento.

⇨ **Exercício 1: Resposta recomendada – c –** Após o esclarecimento de fatos, emoções e intenções é hora de focar na solução.

Quanto maior a sua ambição em crescer na hierarquia de uma organização, mais você deve estar preparado para lidar com problemas de relacionamento entre pessoas.

Bibliografia:
ROSEN, Barry. *Como Gerenciar Relações Difíceis*. Ed. Campus/Elsevier,

17 Líder de Pessoas Difíceis ou Difícil para as Pessoas?

Capítulo 17 - Líder de Pessoas Difíceis ou Difícil para as Pessoas?

Como lidar com pessoas com comportamentos inadequados.

Décio Moreira sentia-se muito desanimado naquela manhã de sexta. A reunião de acompanhamento com a diretora Leila Antunes seria o fechamento perfeito para uma semana em que nada tinha dado certo.

"A Leilona Rolo Compressor vai arrancar a minha cabeça antes que eu possa dizer bom dia", pensava ele ao atravessar os corredores da empresa.

E seu desanimo foi ainda maior ao pensar que Henrique Franco, o gerente da controladoria, iria estar presente.

"O Franco Atirador não perdoa. Vai detonar todo mundo na reunião. Ele já faz isso mesmo sem motivo..."

Logo que chegou a sua sala, Décio lembrou-se do relatório para a diretoria. Ele ligou para cobrar sua secretária Angélica.

– Desculpa chefe. – respondeu ela – Todo mundo me pediu coisas urgentes, e eu fiquei muito sobrecarregada.

– Mas o seu chefe sou eu, dona Angélica. – disse Décio – Quantas vezes eu tenho de lembrar isso?

– Eu sei. Desculpe seu Décio. Eu prometo...

– Você promete demais para todo mundo – disse ele aborrecido – Precisa aprender a dizer não para os folgados. A senhora não acha?

– Sim. Quero dizer, não – atrapalhou-se Angélica – Eu ainda estou aguardando o Marcos me passar informações.

– Ih, danou-se. Aquele homem é um quiabo seboso. Ele primeiro fala com certeza. Mas depois sempre escorrega no talvez.

– Pois é seu Décio, o Marcos disse que hoje não tem condições de conversar com a chefe dele pra pedir nada.

– Por quê? O que foi dessa vez?

– Ele disse que a Diana levou uma tremenda chamada da diretoria e está possessa. E nessas horas nem o Mike Tyson se atreveria a perguntar nada.

– Mas não dá pra esperar o chilique da outra passar, dona Angélica! Deixe que eu mesmo cobro a Diana.
– Mas chefe...

Décio nem esperou o fim da frase para bater o telefone na cara de Angélica. Imediatamente ele discou o ramal de Diana, a explosiva gerente comercial. Ela logo atendeu, com a voz alterada:

– Décio, eu já disse que hoje eu não vou falar com ninguém!
– Sabe o que é, Diana...
– Não sei e nem quero saber. Eu já disse que eu estou ocupada!
– Mas é que eu recebi uma solicitação da diretoria...
– Pois eu não posso atender nem você, nem a diretoria e nem o Papa! Fale que eu morri!
– Nossa Diana, será que não seria melhor...
– Seria melhor que você me deixasse em paz! – disse ela aos berros antes de bater o telefone.

Décio ficou sem reação. E antes que ele pudesse pensar em qualquer alternativa para o problema tocou seu telefone novamente: era sua secretária Angélica.

– Posso falar com o senhor um instante, seu Décio? – perguntou.

Antes que Décio pudesse responder ela desligou. Logo em seguida, entrou na sua sala meio esquisita.

– Seu Décio, eu vim pedir as contas – comunicou.
– Angélica, o que foi que aconteceu?
– Nada. Eu só resolvi que meu tempo de empresa acabou.
– Mas assim de repente? A senhora está há tanto tempo conosco, sempre tão prestativa. Alguma coisa deve ter acontecido.
– Não aconteceu nada de especial.
– Foi alguma coisa que eu fiz? Algum colega do departamento? – insistiu ele.
– Não.
– Pense bem nesta decisão. – advertiu ele – A senhora pode se arrepender, dona Angélica.
– Obrigada pela consideração. Mas eu acho que eu não vou me arrepender de nada não. – concluiu Angélica antes de sair.

Décio sentiu um frio na espinha
– Senhor, o que está faltando agora?– disse ele em voz alta, olhando para o alto.

Não passaram dois minutos até uma nova ligação acendesse em Décio a esperança de que um anjo tivesse ouvido a sua prece.

Era Cassandra, do RH.

– Décio, dona Angélica acabou de comunicar seu pedido de demissão. Aconteceu alguma coisa? – perguntou ela.
– Nada de novo, Cassandra. Ela te disse alguma coisa?
– E nem precisa – disse Cassandra – Eu passei meu pêndulo energético pelos departamentos e senti que precisamos de uma sessão de descarrego.
Décio não acreditava no que acabara de ouvir.
– Dona Cassandra, obrigado, mas eu acho que...
– Aqui tem muita inveja, sintonia cruzada, a aura de vocês está roxa e isso não é um bom sinal.
– Dona Cassandra, obrigado, mas agora chega. – concluiu ele assustado.
Décio desligou a ligação sem saber se deveria rir ou chorar.
"Como tanta gente complicada se reuniu em um só lugar" – pensou ele.
Nos trinta minutos seguintes, Décio organizou papéis e enumerou argumentos para enfrentar os diretores com aqueles resultados medíocres.
Foi quando a consultora Marilda Soares retornou a sua ligação. Ela era a última esperança de Décio para se orientar em meio aquele turbilhão.
– Tenho gente difícil de todos os lados aqui no trabalho. – lamentou Décio ao telefone – Estou cansado e não sei o que fazer. O que você me sugere, Marilda?

Exercício 1:

Se você fosse a consultora Marilda, qual orientação **não** daria ao Décio?
a. Décio, não dê atenção ao comportamento das pessoas difíceis.
b. Aponte para estas pessoas o comportamento que deve ser mudado.
c. Dê o exemplo do comportamento esperado, Décio.
d. Elogie quando as pessoas tiverem atitudes adequadas, Décio.

Selecionamos dez comportamentos considerados dos mais difíceis de lidar no ambiente de trabalho. Após ler uma breve descrição de cada um, escolha:

a. Os três que você tem mais dificuldade de lidar.
b. Os três mais comuns no seu ambiente de trabalho atual.

Comportamentos Difíceis de Lidar	Grau de Dificuldade para você.	Frequência no trabalho.
1. **Pessoas dominadoras** – que querem sempre ter a razão e impor sua vontade.		
2. **Pessoas críticas** – que reconhecem apenas pontos negativos dos colegas e situações.		
3. **Pessoas defensivas** – que sempre apresentam desculpas para seus problemas.		
4. **Pessoas que só dizem sim** – que ao aceitarem tarefas demais, acabam se desorganizando.		
5. **Pessoas que só dizem não** – que bloqueiam acordos e acirram conflitos.		
6. **Pessoas que só dizem talvez** – inseguras e indecisas, elas geram desconfiança.		
7. **Pessoas explosivas** – têm reações emocionais excessivas e destrutivas das relações de trabalho.		
8. **Pessoas que geram fofoca** – distorcem as informações, geram clima de desconfiança e acirram conflitos.		
9. **Pessoas que falam muito** – impulsivas, causam situações constrangedoras e cansativas.		
10. **Pessoas que falam pouco** – Geram desconfiança e desconforto, raramente expõem suas opiniões.		

Dicas sobre como Lidar com os Comportamentos Inadequados:

Comportamentos Inadequados	Desafio do líder	Estratégias para vencer o desafio
Pessoas dominadoras	Integrá-las na equipe.	– Exemplo e treinamento de trabalho em equipe.
Pessoas críticas.	Uso produtivo de suas críticas;	– Orientação e treinamento sobre crítica e *feedback* construtivo.
Pessoas defensivas.	Desenvolver sua proatividade.	– Exemplo e treinamento de comportamento proativo.
Pessoas que só dizem sim e talvez.	Estimulá-las a fazer escolhas e serem assertivas.	– Exemplo e treinamento sobre organização, priorização e assertividade.
Pessoas que só dizem não.	Estimulá-las a negociar soluções satisfatórias para si e os outros.	– Exemplo e treinamento em negociação.
Pessoas explosivas	Aumentar o seu autocontrole.	– Exemplo e treinamento sobre percepção emocional e autocontrole.
Pessoas que geram fofoca	Aumentar sua assertividade e compromisso.	– Exemplo e treinamento sobre assertividade. – Usar assertividade para orientá-la sobre seu papel na equipe.
Pessoas que falam muito. Pessoas que falam pouco.	Desenvolver sua objetividade e comunicação eficaz.	– Exemplo e treinamento sobre comunicação eficaz na empresa.

Dicas Para Melhorar o Relacionamento com Pessoas Difíceis:
1. **Ouvir e entender a versão da pessoa "difícil" sobre o problema:** antes de escolher a forma de tratar o assunto, entenda como a pessoa vê o problema.
2. **Pessoas inseguras, frustradas e com baixa autoestima precisam acreditar que si mesmas para mudar comportamentos inadequados:** além de entender qual o comportamento adequado, elas precisam ser alimentadas de *feedback* positivo para persistirem na mudança.
3. **Mude suas crenças sobre estas pessoas:** troque o rótulo negativo por um atributo positivo sobre o subordinado. Exemplo: a pessoa tida como calada é cada vez menos estimulada a falar. Se esta mesma pessoa for considerada ponderada e criteriosa, será mais consultada.

4. **Mude suas crenças sobre conflitos:** líderes altamente competitivos têm uma tendência a acirrar conflitos, enquanto os altamente cooperativos tendem a desestimulá-los. Já líderes altamente eficazes sabem administrar o conflito produtivamente, gerando crescimento de todos.
5. **Mudando seu posicionamento diante do comportamento inadequado, sua atitude vai ser diferente:** Se você para de condenar ou se defender da pessoa difícil, buscando descobrir como interagir melhor com ela, seu comportamento muda, influenciando o dela.
6. **Busque o melhor das pessoas, sem necessariamente mudá-las, administrando sua contribuição para o grupo:** o líder não muda a personalidade do liderado. No máximo, ele consegue fazer com que o indivíduo possa escolher comportamentos mais adequados e produtivos dentro da equipe.
7. **'Pessoas difíceis' precisam encontrar bons motivos para administrar suas diferenças em busca de objetivo comum:** a marca do grande líder é convencer pessoas muito diferentes a interagirem de maneira produtiva.

⇨ **Exercício 1: Resposta: a** – O líder deve apontar comportamentos inadequados, entender os motivos das pessoas 'difíceis' e orientá-las, dando o exemplo.

Bibliografia:
BRINKMAN, Rick, KIRSCHNER, Rick. *24 Lições p/ Transformar suas Relações no Trabalho.* Coleção: VOCE S/A, V.1 Editora SEXTANTE.

18 Líder
que se adapta as novas gerações ou as afugenta?

Capítulo 18 - Líder que se Adapta as Novas Gerações ou as Afugenta?

Como lidar com a geração Y.
Nove horas da manhã. Início da reunião de integração dos novos *trainees* da poderosa empresa Minérios Associados.

Guilherme Nobre, o veterano gerente de controladoria começou com as boas vindas para os jovens *trainees* e esclareceu:

– Quero que fiquem à vontade para perguntar o que quiser. Eu trabalho no grupo há trinta anos. Conheço tudo por aqui.

Guilherme notou o sorriso aliviado dos quinze jovens a sua frente. Satisfeito, ele continuou:

– Eu sei como é o primeiro emprego. Todos devem estar curiosos e ansiosos para entender tudo. Mas vamos com calma que a gente chega lá.

O primeiro *trainee* levantou a mão:

– Oi Seu Guilherme. Eu sou o Leonardo Júnior e gostaria de saber quanto tempo a gente vai esperar para ser gerente.

Guilherme achou graça.

– Seja um bom profissional e certamente você será reconhecido – respondeu ele – Eu, em apenas cinco anos, já chefiava um departamento inteiro.

Guilherme notou as expressões surpresas e as trocas de olhares entre os *trainees*:

– Vocês estão achando muito tempo?

– Tempo demais! – respondeu Leonardo. – Mas a gente pelo menos vai ter acesso a cursos e treinamento, né?

– Claro. – respondeu Guilherme – Vocês vão passar por todos os setores para entender os processos minuciosamente.

Em seguida, outra *trainee* levantou a mão:

– Oi Guilherme. Eu sou a Lenir Costa e quero saber se vocês já trabalham com sistema totalmente informatizado na controladoria?

– Está em implantação – disse ele orgulhoso – Eu mesmo estou à frente deste processo.
– Mas uma empresa deste tamanho ainda tem processo no papel?
Guilherme sentiu o tom de desaprovação da jovem.
– Estamos a caminho de informatizar – disse ele– Mas vocês sabem que isso não acontece de uma hora para outra.
Guilherme percebeu a frustração de Lenir e dos outros *trainees* e começou a se sentir desconfortável com aquela situação. Mas ainda assim, buscou ser positivo.
– Vocês estão aqui exatamente para preparar a empresa para o futuro. – afirmou ele.
Um terceiro *trainee* levantou a mão.
– Oi Guilherme, eu sou o Rodrigo e quero saber se a gente vai ter os bônus reservados aos outros gerentes já neste primeiro ano.
Um quarto *trainee* emendou outra pergunta:
– E quando vamos poder optar por um estágio em uma unidade do exterior?
E a partir dali, Guilherme não parou de ser bombardeado por perguntas que não esperava:
– Quando vamos ter sala própria?
– Podemos escolher nossos chefes?
– E se a gente não gostar do trabalho?
– E se a gente ficar acomodado?
– Aqui na empresa *trainee* não serve cafezinho, né?
Guilherme não sabia o que dizer. Aqueles jovens pareciam muito mais preocupados na satisfação de seus próprios objetivos do que em entender o que a empresa esperava deles.
Luis Barreto, o consultor de RH que acompanhava a reunião, percebendo a hesitação de Guilherme, sugeriu antecipar o intervalo.
– Tudo bem, Guilherme? – questionou o consultor em tom amigável.
– Acho que não, Luís. – respondeu Guilherme – O que vocês pretendem com essa garotada tão sem noção?
– Eles têm grande potencial de desenvolvimento, Guilherme– respondeu Luís.
– Pode ser. Mas eles não parecem interessados em nada além do seu próprio umbigo.
– Este é o desafio de lidar com esta nova geração.
– Mas eu já não sei mais o que vocês esperam de mim. Antigamente eu tinha de treiná-los no trabalho e integrá-los à equipe. E agora?

Exercício 1:

Qual dos conselhos abaixo você daria a um executivo nascido até a década de 1950 (geração *baby boomer*) para treinar jovens profissionais nascidos a partir da década de 80 (geração Y):
 a. Faça como sempre fez e deixe que eles se adaptem a você;
 b. Seja líder coach: estimule-os com metas de desenvolvimento.
 c. Seja mais diretivo e duro para mostrar a eles quem manda.
 d. Dê exemplos e conte histórias para que eles "peguem o espírito" de trabalhar aqui.

Jovens talentosos, tecnológicos, competitivos e interessados da Geração Y têm ao mesmo tempo:
- Grandes expectativas sobre sua própria capacidade;
- Pouquíssima experiência prática de lidar com pessoas e estruturas organizacionais tradicionais.
- Rápido processo de frustração diante de supervisão convencional, o que intensifica a rotatividade de empregos nesta geração.

Portanto, orientar o seu desenvolvimento através de sessões de liderança *coach* tem sido a forma mais eficaz e estimuladora desta geração.

A seguir temos um quadro comparativo de diferenças entre as três gerações dominantes do mercado de trabalho da atualidade:

Geração	*Baby Bommers*	X	Y
Ano de Nascimento	1946-1960	1960-1980	1980-1995
Acontecimentos Que Marcaram a Geração	Lutaram pela liberdade individual, direitos civis. E fizeram, ainda, a Revolução Sexual. Foco nos seus valores pessoais e na boa educação dos filhos. Têm relações de amor e ódio com os superiores, são focados e preferem agir em consenso com os outros. No Brasil, são os que lutaram contra a ditadura e pela democratização do país.	Enfrentaram crises violentas, como a do desemprego na década de 1980, também se tornaram céticos e/ou super-protetores. Buscam qualidade de vida, liberdade no trabalho e nas relações. No Brasil, viveram a fim da ditadura. É a geração que brigou pelo Impeachment do presidente Collor.	Cresceram em tempos de valorização da infância, com Internet, computador e educação mais sofisticada que as gerações anteriores. Ganharam autoestima e não se sujeitam a atividades que não fazem sentido em longo prazo. Sabem trabalhar em rede e lidam com autoridades como se eles fossem um colega de turma. No Brasil, viveram o processo de estabilização econômica e consolidação da democracia.
Estilo de vida:	Contestadoras, mas tolerantes. naturalistas e pacifistas.	Mais agressivo do que os Baby Boomers. Mais urbanizados.	Acreditam que têm liberdade de escolha, mas são indecisos e por isso não fazem suas escolhas. Têm espírito empreendedor - preferem fugir de empregos tradicionais.

O que pensam sobre o mundo moderno:	Está muito artificial, tecnológico e consumista. Além disso, criticam a competição do capitalismo e as pessoas muito individualistas.	Pensam que está tudo errado. Adotam uma postura crítica em relação aos mais jovens e são saudosistas.	Almejam o sucesso pessoal, ao mesmo tempo em que demonstram preocupações sociais e ambientais. O apreço pela tecnologia e os hábitos de consumo revelam uma opção pelo indivíduo em detrimento do coletivo.

Visão Estratégica da Geração Y:

Pontos Fortes e Fracos - Geração Y	Riscos	Oportunidades
Muita habilidade tecnológica.	Cobrar constantes investimentos em tecnologia.	Colaborar com a atualização tecnológica.
Aspiram ganhar muito dinheiro.	Trocar facilmente de emprego por melhores salários.	Estimular com remuneração variável sobre resultados.
Dispostos a aprender.	Cobrar treinamentos e qualificação. Buscar qualificação sem foco no desempenho da função atual.	Aprender rapidamente e captar novos conceitos.
Bem informados.	Questionar paradigmas "ultrapassados".	Contribuir para modernizar ou inovar processos e produtos.
Encaram o mundo de maneira pouco preconceituosa.	Questionar práticas arraigadas na empresa e sociedade.	Contribuir para processos de mudança na empresa.
Não gostam de se acomodar.	Questionar rotinas.	Melhorar e inovar processos.
Têm muita ansiedade em crescer na empresa.	Perder o interesse rapidamente pelo trabalho e empresa.	Qualificar-se e trabalhar intensamente por uma promoção.
São imediatistas.	Desistir rapidamente de um objetivo.	Ser rápidos e ter ótimo desempenho se orientados a cumprir metas.
Mais agressivos que gerações anteriores.	Gerar muitos conflitos entre si e pessoas de outras gerações na empresa.	Forçar a empresa e sua equipe a sair da zona de conforto.

Tendem a fazer só o que gostam.	Ter baixo desempenho em atividades que não gostam.	Ter desempenho acima de média em atividades que gostem.
São muito ambiciosos.	Atropelar a hierarquia.	Ter ótimo desempenho para crescer.

Exercício 2:

Avalie a sua capacidade de liderar geração Y:

Caraterística de Liderança para o colaborador da geração Y (nascido a partir de 1980)	Nunca	Às vezes	Sempre
1. Identifico áreas e assuntos de seu interesse.			
2. Sei apoiá-lo na construção de metas desafiadoras.			
3. Sei apoiá-lo no desenvolvimento de competências em cada etapa do desafio.			
4. Sei cobrar prazos e resultados, valorizando a sua contribuição.			
5. Valorizo tanto os resultados obtidos quanto o processo de aprendizagem.			
6. Valorizo o desenvolvimento de competências pessoais e interpessoais.			
7. Acompanho até ele se habituar ao ritmo e cultura de uma empresa.			
8. Busco integrá-lo a equipes com diversidade de idade e qualificação.			
9. Entendo os paradigmas da geração Y para ultrapassar preconceitos.			

Análise de Respostas:

De 7 a 9 respostas sempre – Parabéns, você tem grandes chances de ter muito sucesso à frente de uma equipe de colaboradores da geração Y.

De 5 a 6 respostas sempre – Você tem condições de liderar a geração Y e pode melhorar os itens de resposta nunca e às vezes.

De 0 a 4 respostas sempre – Você tem dificuldades de liderar a geração Y. Peça ajuda de um especialista quando tiver que lidar com jovens profissionais.

Dicas para Liderança Eficaz de Colaboradores da Geração Y:

1. **Identifique quais áreas e assuntos o apaixonam:** como precisam de envolvimento emocional com a sua atividade para serem produtivos, eles demandam por um líder *coach* que os estimule e apoie no próprio desenvolvimento.

2. **Apoie-os na construção de metas e desenvolvimento de competências para cada etapa:** – jovens profissionais com muita informação e baixa maturidade profissional precisam de apoio para estruturar suas metas e orientação para o próprio desenvolvimento.

3. **Cobre prazos e resultados, valorizando a sua contribuição:** o acompanhamento e cobranças das metas são fundamentais para que eles se sintam produtivos.

4. **Valorize tanto os resultados quanto o processo de aprendizagem:** para esta geração, não basta atingir o resultado. É importante sentir-se aprendendo e descobrindo formas melhores de fazer.

5. **Valorize o desenvolvimento de competências pessoais e interpessoais do colaborador Y:** apesar de seu desenvolvimento no raciocínio lógico-dedutivo e numérico, eles apresentam no geral déficit de competências pessoais e interpessoais. Você vai ter de ensiná-los regras básicas de convivência, valorizando-as para o seu crescimento profissional.

6. **Faça acompanhamentos até ele se habituar ao ritmo e cultura da empresa:** com seu alto grau de expectativas e ansiedades, eles podem se frustrar e desistir rapidamente dos seus objetivos. Mesmo os mais persistentes precisarão de mais acompanhamento na integração.

7. **Busque integrá-lo a equipes com diversidade de idade e qualificação:** – apesar do perfil individualista da geração, uma vez integrados, eles poderão contribuir muito na melhoria e inovação.

8. **Entenda os paradigmas da geração Y para ultrapassar preconceitos:** Quanto mais você entende a diferença entre os valo-

res desta geração e os da sua, mais fácil será chegar a soluções satisfatórias de convivência e trabalho com estes novos profissionais.

⇨ **Exercício 1: Resposta recomendada: b**. Geração Y responde melhor a desafios do que a supervisão.

Webografia:
Artigos de Tevis Gale - fundador da Balance Integration.
Dados do estudo do Atêlie de Pesquisa Organizacional publicado em 1/09/2009 às 18:04 Fonte: Revista ZAP
Revista Galileu. Geração Y. Ed. 219. Out. 2009. Disponível em: <http://revistagalileu.globo.com/Revista/Galileu/0,,EDG87165-7943-219,00-GERACAO+Y.html>. Acesso em março de 2011.

http://mdemulher.abril.com.br/familia/reportagem/comportamento/entenda-diferencas-geracoes-baby-boomers-geracao-x-ou-y-643256.shtml
Fonte: Sociólogo Mario Miranda Antonio Junior

19 Líder
de seu Chefe ou Chefiado por Ele?

Capítulo 19 - Líder de seu Chefe ou Chefiado por Ele?

Como aumentar seu poder de influência de sua chefia e parceiros.

Júlia estava se preparando para ir embora do escritório, depois de esperar seu chefe por mais de quarenta minutos, quando Clóvis finalmente apareceu:

– Oi Júlia. Você aqui?

Júlia tentou disfarçar sua indignação:

– Hoje é dia de reunião da avaliação, né Clóvis.

– Ah, é? – questionou Clóvis olhando para o relógio – Mas eu estou atrasado para outra reunião. Vamos deixar para outro dia?

– Já é segunda vez que a gente adia nossa reunião. – respondeu Júlia contrariada.

– Está bem, dona Júlia. Mas vamos logo, porque ainda tenho muita coisa para fazer! – disse Clóvis apressado. – Parece que ninguém consegue fazer nada sem mim por aqui.

Júlia esboçou um sorriso. Ela se divertia com as colocações do chefe: *"Ninguém consegue fazer nada aqui é por causa dele!"* – pensou ela.

– Júlia, você tem estado muito estressada – disse Clóvis enquanto procurava os formulários da avaliação – . As pessoas têm reclamado da sua falta de paciência.

– Eu estou estressada por não conseguir atender os prazos e procedimentos. Justo eu que sou organizadíssima.

– Organizadíssima é um pouco demais, né Júlia. Você bem que tenta, mas ultimamente deixa a desejar neste quesito.

– Eu sei chefe. Não adianta eu me organizar sem que o departamento todo siga o mesmo cronograma.

– Desculpe dona Júlia, mas a avaliação não é do departamento e sim da senhora.

Júlia indignou-se ainda mais:

"Meu Deus, Clóvis não se toca que ele é a causa de toda a nossa desorganização!" – pensou ela inconformada.

– A questão – continuou Clóvis – é que o papel da senhora é exatamente fazer com que os processos estejam dentro das normas e prazos.

– Mas chefe – disse ela tentando tomar coragem – para isso eu dependo da colaboração de todos. Especialmente da sua.

– Eu sei. E você sabe que pode contar comigo. – disse Clóvis enquanto dividia atenção entre ela e as respostas a e- mails – Pense como pode melhorar e me avise.

– Eu já pensei Clóvis. – disse ela respirando fundo – Eu preciso que você se torne um fornecedor interno mais comprometido.

– Como? – perguntou Clóvis com olhos arregalados – Seja específica.

– Grande parte dos processos atrasa devido à demora na sua aprovação. – disse Júlia, sentindo suas faces queimando.

– Você quer jogar a responsabilidade dos problemas em mim? – questionou Clóvis batendo a mão na mesa.

– Chefe – gaguejou Júlia – eu peço várias vezes a mesma coisa para você até sair. E muitas vezes as coisas têm de ser refeitas.

– A senhora está me chamando de incompetente? – indignou-se Clóvis – Quem a senhora pensa que é para me julgar?

– Desculpe chefe, mas eu não estou julgando. – disse ela tentando controlar o choro – Estou tentando apenas descrever os meus problemas.

– Até em mim a senhora quer jogar a culpa dos seus erros? – disse Clóvis aos berros.

Júlia começou a chorar. E entre um soluço e outro ela tentou se justificar:

– Chefe, eu já tentei de todas as formas que você entenda a minha posição. O que eu posso fazer para que você me entenda?

Exercício 1:

No lugar de Júlia, o que você falaria para convencer seu chefe reativo e sem autocrítica de que precisa da colaboração dele?

a. Pare de se defender ou a gente nunca vai resolver esta questão.
b. Eu gostaria de saber como melhorar a nosso trabalho em conjunto.
c. Já que você é organizadíssimo, pode ajudar em umas coisinhas.
d. Você precisa ser profissional e ouvir mais.

Exercício 2:

Avalie as suas competências para influenciar suas chefias e colegas:

Característica	Nunca	Às vezes	Sempre
1. Busco compreender o ponto de vista e crenças de meu chefe antes de apresentar-lhe ideias ou propostas.			
2. Mantenho a mesma autoconfiança apresentando ideias para pessoas de qualquer nível hierárquico.			
3. Sou uma pessoa requisitada por outros departamentos para trocar ideias e dar opiniões.			
4. Eu procuro estar seguro nas informações e argumentos antes de expor uma ideia.			
5. Eu apresento ideias com entusiasmo porque acredito nelas.			
6. Eu preparo um plano B caso minha proposta original seja recusada.			
7. Persisto no meu objetivo mesmo depois da negativa de meu chefe, reavaliando a proposta para nova tentativa.			
8. Eu busco influenciar tanto minha chefia quanto subordinados e parceiros de outras áreas.			
9. A minha relação com meu chefe não é de dependência, e sim de interdependência.			
10. Eu demonstro desejo de ajudar o meu chefe a tomar as melhores decisões.			

Análise dos Resultados

De 8 a 10 sempre – Parabéns, você é uma pessoa que consegue exercer influência sobre suas chefia e parceiros.

De 5 a 7 sempre – Você consegue exercer razoável influência sobre chefias e parceiros. E para melhorar, preste atenção nos itens de que você assinalou nunca e às vezes.

De 0 a 4 sempre – Você deve ter muita dificuldade em influenciar qualquer pessoa do seu trabalho. Busque treinamento de argumentação, persuasão e de como falar em público.

Preste atenção nos quesitos em que respondeu nunca e às vezes e cheque quais crenças precisam ser revisadas para aumentar a sua influência.

Dez Mudanças de Crenças para Influenciar Chefias e Parceiros.

Crenças Inibidoras de Influência.	Crenças Geradoras de Influência.
1. Eu devo ser influenciado pelos meus chefes e influenciar meus subordinados.	1. Eu devo influenciar e ser influenciado por chefias, parceiros e subordinados para cumprir minha missão e atingir meus objetivos.
2. O segredo de persuadir um chefe é estruturar uma argumentação perfeita.	2. O segredo de persuadir um chefe é saber ouvi-lo, observá-lo e ter empatia com ele.
3. Se eu der uma sugestão não solicitada serei interpretado como invasivo e competitivo.	3. Se eu der uma sugestão depois de um bom diálogo, serei interpretado como colaborador e comprometido.
4. Se eu der uma ideia para o meu chefe ele pode roubá-la e levar o crédito.	4. É conveniente "doar" uma ideia para meu chefe para resolver problemas que me afetem.
5. Eu não tenho perfil de "vendedor" de ideias.	5. Eu posso vender ideias sabendo ouvir e esclarecer dúvidas.
6. O meu chefe precisa expor suas expectativas para eu me adequar a elas.	6. Eu posso pedir esclarecimentos para alinhar meu desempenho às expectativas de meu chefe.
7. Meu papel é ouvir a orientação do meu chefe e transmiti-la aos meus subordinados.	7. Meu papel é dar e receber *feedback* para a chefia, subordinados e parceiros.
8. Quanto mais inseguro e defensivo é o chefe, menos ele aceitará sugestões.	8. Quanto mais inseguro e defensivo o chefe, maior a sua necessidade de colaboração.
9. Chefias não estão preparadas para ouvir um *feedback* sincero.	9. Chefias precisam de *feedback* equilibrado e sincero.
10. Chefias sentem-se ameaçadas com subordinados que **cobram** soluções ganha-ganha.	10. Chefias sentem-se seguras com subordinados que **oferecem** soluções ganha-ganha.

⇨ **Exercício 1: Resposta Recomendada: B** – É a que mais demonstra empatia, uma característica chave para influenciar pessoas em qualquer nível hierárquico.

Bibliografia:
MARTINS, Vera. *Seja Assertivo!* Ed. Campus.
MARTINS, Vera. *Tenha Calma!* Ed. Campus.

20 Líder que Maneja Conflitos ou É Manejado por Eles?

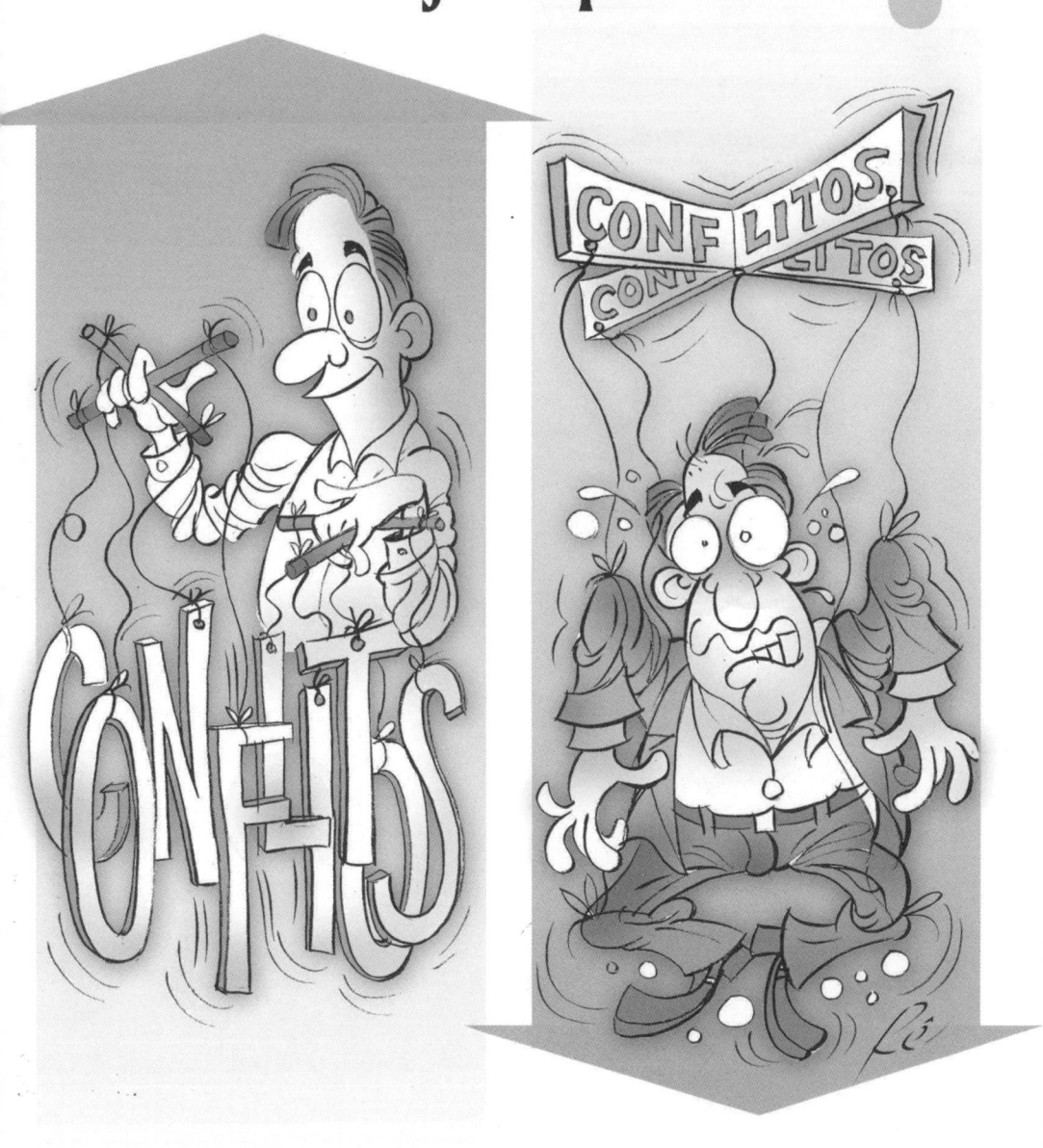

Capítulo 20 - Líder que Maneja Conflitos ou é Manejado por Eles?

Como manejar os conflitos de maneira eficaz.
　　Cláudia parecia transtornada ao telefone com seu gerente Jorge:
　　– Chefe, ele nos atropelou de novo.
　　– Um motociclista? – perguntou Jorge aflito.
　　– Não.
　　– O concorrente?
　　– Não.
　　– O mercado?
　　– Não chefe. O marketing!!!
　　Jorge suspirou de alívio.
　　– Calma Cláudia. O que aconteceu desta vez?
　　– Eles fizeram uma ação com os nossos clientes sem nem nos avisar, chefe. O marketing quer acabar com a nossa imagem!
　　– Cláudia, fique fria que eu vou falar com o Wilson.
　　A gargalhada nervosa de Cláudia vibrou o telefone.
　　– Falar com ele? Como? A gente só escuta. Ele não para pra ouvir ninguém.
　　– Não seja negativa.
　　– Negativa não? Eu sou realista. Jorge, você sabe por que é impossível um profissional de marketing chegar de surpresa?
　　– Por quê?
　　– Porque o ego deles sempre chega bem antes!
　　Jorge riu. Ele sabia que a piada guardava um fundo de verdade, especialmente naquela empresa.
　　– Ok. Mas a gente tem de administrar esta situação- conciliou Jorge - Eu já te retorno.
　　Logo depois, Jorge saiu apressado em direção ao sétimo andar. Ele pegou o elevador e ao sair deu de cara com Wilson.
　　– Oi Wilson, eu preciso falar com você.

– Pode ser depois? Hoje está uma loucura.
Antes que a porta se fechasse, Jorge resolveu tratar do assunto.
– Wilson, como vocês lançam uma ação sem avisar a nossa equipe de vendas? – questionou Jorge.
Wilson fez cara de surpresa:
– A gente tinha que *startar* este processo antes da concorrência.
– Isso explica mas não justifica, Wilson. Já não é a primeira vez que somos atropelados por vocês.
– Atropelados? – questionou Wilson – Nós estamos fazendo uma campanha maravilhosa, que vai alavancar as suas vendas.
– Mas a minha equipe não tem informação nenhuma da campanha.
Wilson sorriu e disse:
– A gente surpreendeu todo mundo, não é verdade?
– Você fala isso como se fosse positivo, Wilson!! – indignou-se Jorge.
– É claro. Num segmento hiper-competitivo como o nosso a gente tem de manter as ações sob sigilo.
– Mas sigilo até para vendas?
Wilson riu e perguntou:
– Você confia totalmente na sua equipe de vendas, Jorge?
– Totalmente não. Mas certamente mais do que no marketing.
– Espere aí, Jorge. O que você quer dizer com isso?

Exercício 1:

No lugar de Jorge, o que você diria para Wilson?
a. Você confunde a sua incompetência e falta de caráter com estratégia.
b. A gente precisa se ajudar mutuamente pra que a ação tenha sucesso.
c. Nada. Eu não quis dizer nada.
d. Bobagem. Deixe que eu me viro com a equipe. Sucesso para você.
e. Nós precisamos fazer um planejamento conjunto pra alinhar as ações.

Exercício 2:

1. Escolha até três relacionamentos conflitosos com outras áreas ou pessoas na empresa.
2. Analise cada um deles pelos critérios abaixo.
3. Assinale as três características que melhor descrevem cada um dos conflitos.

Características do Conflito:	1	2	3
1. O problema é grave e urgente;			
2. Tentativas de compromisso e colaboração anteriores foram frustradas.			
3. O problema envolve ética e leis; a sua omissão pode lhe trazer graves consequências.			
4. A posição da outra área está baseada na inexperiência e insegurança.			
5. Tratar do aspecto emocional é fundamental para a solução do problema.			
6. Tentativas anteriores de compromisso foram frustradas.			
7. Você não sabe direito o que fazer neste momento e precisa checar informações para se posicionar.			
8. O nível de alteração emocional da outra parte é tamanho que nada de produtivo pode ser negociado neste momento;			
9. O problema não merece o possível desgaste da negociação.			
10. O problema é irrelevante e gastar tempo com ele não trará nenhum benefício;		-	
11. A outra parte envolvida não está preparada para uma negociação neste momento.			
12. Tentativas anteriores de compromisso e cooperação foram frustradas;			
13. Tanto o problema quanto o relacionamento demandam atenção e cuidado.			
14. Há tempo para uma negociação.			
15. A outra parte está preparada técnica e emocionalmente para a negociação.			

Estilo de Manejo de Conflitos	Respostas correspondentes
1. Competição	1 a 3
2. Cooperação	4 a 6
3. Evitamento	7 a 9
4. Acomodação	10 a 12
5. Compromisso	13 a 15

Análise das Respostas:

3 características dentro de 1 único estilo de manejo de conflito – Busque aplicar o estilo e checar os resultados. Caso a solução não seja satisfatória, busque reavaliar a situação.

3 características dentro de 2 estilos de manejo de conflito – Você pode tentar os dois estilos, começando por aquele que tem mais chances de gerar resultados preservando o relacionamento.

3 características dentro de 3 estilos de manejo de conflito – Busque ajuda de uma pessoa não envolvida no conflito para ajuda-lo a fazer esta avaliação, a fim de que possa definir melhor o estilo.

⇨ **Exercício 1: Resposta recomendada: e.** Busca compromisso de longo prazo dos envolvidos para chegar-se a uma terceira opção.

Análise das Alternativas:
Alternativa a - acirra o conflito através da competição.
Alternativa b - oferece colaboração para a solução do problema. Como Wilson acha que está certo, colaborar não é a melhor alternativa.
Alternativa c - evitamento do conflito, agravando o problema e desacreditando Jorge perante sua equipe e colegas.
Alternativa d - acomodação, com Jorge valorizando os interesses do outro departamento e agravando o problema dentro do seu.

Bibliografia:
NASCIMENTO Eunice Maria; EL SAYED Kassem Mohamed. *Capítulo 4 – Administração de Conflitos*. Coleção Gestão Empresarial.
MARTINELLI, Dante P.; ALMEIDA, Ana Paula de. *Negociação e solução de conflitos*. São Paulo.

Contato do Autor:
André Tadeu Aguiar de Oliveira

andre@centralpaulista.com
www.centralpaulista.com
www.trainingshow.com.br

QUALITYMARK EDITORA

Entre em sintonia com o mundo

QualityPhone:

0800-0263311

Ligação gratuita

Qualitymark Editora
Rua Teixeira Júnior, 441 – São Cristóvão
20921-405 – Rio de Janeiro – RJ
Tels.: (21) 3094-8400/3295-9800
Fax: (21) 3295-9824
www.qualitymark.com.br
e-mail: quality@qualitymark.com.br

Dados Técnicos:	
• Formato:	16 x 23 cm
• Mancha:	12 x 19 cm
• Fonte:	Myriad Pro
• Corpo:	11
• Entrelinha:	13
• Total de Páginas:	200
• Lançamento:	2012